I0879575

GUITARRA APRENDE

MÉTODO PARA PRINCIPIANTES

Luis Gerardo Garibay M.

Grupo Editorial Tomo, S. A. de C. V.
Nicolás San Juan 1043
03100, México, D. F.

1a. edición, septiembre 2014.

Nicolás San Juan 1043, Col. Del Valle
03100 México, D. F.
Tels. 5575-6615, 5575-8701 y 5575-0186
Fax. 5575-6695
http:www.grupotomo.com.mx
ISBN: 978-607-415-677-5
Miembro de la Cámara Nacional
de la Industria Editorial No 2961

Diseño de portada: Karla Silva M.
Foto página 14: Morganka/Shutterstock.com
Foto de inicio de capítulo: Photographee.eu/Shutterstock.com
Foto de inicio de capítulo y portada: Fotoatelie/Shutterstock.com
Formación tipográfica: Armando Hernández
Supervisor de producción: Leonardo Figueroa

Impreso en México - *Printed in Mexico*

Contenido

Introducción

Hola y sé bienvenido a este primer número de **Guitarra. Aprende**. Un método que te guiará y ayudará en tu camino para aprender a tocar la guitarra, quizá no más rápido o sea en corto tiempo, pero sí aprenderás a tocar de una manera eficiente.

La intención con este primer libro es darte los fundamentos básicos de la música, principalmente contemporánea, que se puede aplicar a cualquier estilo musical y al mismo tiempo irlos llevando a la práctica a través de ejercicios relacionados al tema. Y que en un tiempo considerablemente corto, dependiendo de tu esfuerzo y dedicación, puedas tocar la guitarra.

Tocar canciones, acompañar canciones, leer escritura musical, poder tocar las escalas básicas y emplearlas en las melodías, pero principalmente comprendiendo lo que estás tocando, ya que esto te puede dar unas bases fuertes para que después probablemente puedas componer tus canciones o tal vez hacer arreglos, en fin tú decidirás. Pero definitivamente disfrutarás más de la música. Claro está que, con tu esfuerzo por aplicar los ejercicios y estudiar las cuestiones teóricas.

En este libro abarcaremos un primer nivel, este lo puedes ver en el contenido del libro. Y especialmente está dedicado a principiantes que desean aprender a tocar, pero es una excelente guía para cualquier guitarrista o maestro. Y puedes aplicarlo de igual manera tanto para aprender a tocar una guitarra acústica (española, o clásica) o una guitarra eléctrica.

Exploraremos los principales elementos de la música, la melodía, la armonía y el ritmo y los iremos aplicando directamente a la guitarra, con ejercicios, ejemplos y teoría.

Como maestro en algunas ocasiones me he encontrado con alumnos que tienen la creencia de que aprender música es muy complicado y pierden el interés por estudiarla, así que te voy a pedir un favor: ¡olvida esa idea! Si pudiste aprender a sumar, a restar, a multiplicar y a dividir te aseguro que estudiar música aparte de que es sencillo es sumamente enriquecedor para tu vida. Aquí tendrás las bases de lo que es la música y cómo aplicar todo lo conocido en un nivel básico. Esta es la intención de este primer número.

No es magia

Correcto, leíste bien, no es magia, es decir, no vas a aprender a tocar con solo tener este libro en tus manos, claro está que hay que dedicarse, tener paciencia y enfocarse en el objetivo. Pero lo extraordinario es que puedes crear la magia.

Esa es la magia, déjame explicarte, imagínate un cuarto o un lugar en donde no se escucha ningún sonido de música, puede ser desde en una misa, un funeral, o un lugar apartado hasta una reunión, una fiesta, o un estadio repleto de fanáticos. Ahora observa cómo en ese lugar de repente alguien le pone "on" y comienza a escucharse música, ves como todo cambia, esa es la magia. El cómo estas vibraciones especialmente acomodadas y distribuidas en el tiempo y el espacio, hacen que un ser humano o cualquier otro animal reaccione ante este fenómeno.

Ahora, si tomas en cuenta que la música no solo es un arte sino que también es una ciencia, al mismo tiempo que estás estudiando el arte estarás estudiando ciencia.

La guitarra es un instrumento muy noble y se puede convertir en tu mejor compañera y estar contigo en tus momentos más especiales así que dedícale tiempo y esfuerzo a practicar.

Este libro fue diseñado para poderlo estudiar de manera sencilla y autodidacta procurando ser lo más claro en los conceptos, definiciones, ejercicios y la manera para tocarlos. Pero si tienes la oportunidad de asesorarte con algún guitarrista experimentado o algún maestro, te sugiero que lo hagas para que vayas despejando tus dudas. Bueno, pues no esperes más; mueve esos dedos y que comience la vibración.

¿De qué se trata este libro?

La forma en que se encuentra estructurado el libro fue pensada en ir mostrando y cubriendo los tres elementos que conforman a la música: la melodía, la armonía y el ritmo.

En la sección de *La melodía en la guitarra*, veremos y practicaremos lo correspondiente a las escalas; en este primer volumen solo estudiaremos la escala mayor usando ejercicios básicos. En la sección de *La armonía en la guitarra*, se estudiarán y practicarán los acordes básicos en sus diferentes posiciones, usando ejercicios elementales. Y en la sección de *El ritmo en la guitarra*, estudiaremos y practicaremos lo relativo a las diferentes figuras rítmicas, sus valores y sus silencios partiendo desde las figuras básicas. También estudiaremos ejercicios de digitación y coordinación, ejercicios primordiales para el desarrollo de la técnica.

La forma en que está organizado este libro se hizo para que fueras abarcando las tres áreas de la música de la manera más combinada posible, para que vayas avanzando y conociendo esto de manera proporcional. Trata de irlo llevando de esta manera, pero si necesitas pasar a la siguiente parte de la misma sección, sigue adelante. Al final de cada capítulo encontrarás un Repaso en donde encontrarás resúmenes de los temas y ejercicios que se trataron en ese capítulo.

Deseo que este libro te sea útil para tus propósitos. Suerte y a mover esos dedos.

G. Garibay

CAPÍTULO I
La guitarra

Las guitarras contemporáneas pueden ser clasificadas en: guitarras acústicas con cuerdas de *nylon*, acústicas de cuerdas de acero, guitarras de tapa arqueada y eléctricas de cuerpo macizo.

Guitarra acústica

Algunos amigos acostumbran llamarla "guitarra de palo", indudablemente suena cómico, pero de ninguna manera describe a nada. Así es que si quieres divertirte hazlo, si no llamémosla por su nombre.

La guitarra acústica se compone de una caja de madera, un mástil o brazo sobre el que va adosado el diapasón o trastero, generalmente con un agujero acústico en el centro de la tapa (boca), y seis cuerdas.

Sobre el diapasón van incrustados los trastes, los cuales crean las diferentes notas.

Su nombre específico es guitarra clásica o guitarra española. El adjetivo "acústica" es tomado directamente del inglés *acoustic guitar* por el uso que de dicho adjetivo hacen los anglófonos, para diferenciar la guitarra de caja con respecto a la guitarra eléctrica. Es claramente redundante, pues la guitarra, por definición, es un instrumento acústico.

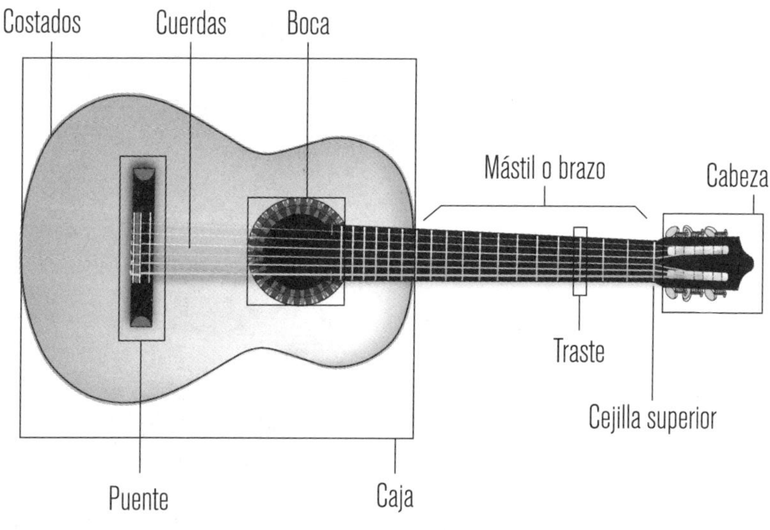

Guitarra eléctrica

Una guitarra eléctrica es una guitarra con uno o más transductores electromagnéticos llamados pastillas que convierten las vibraciones de las cuerdas en señales eléctricas capaces de ser amplificadas y procesadas. Hay tres tipos fundamentales de guitarras eléctricas: las de cuerpo sólido, las de cuerpo semisólido y las de cuerpo hueco. Históricamente las primeras en inventarse fueron las de cuerpo hueco, al derivarse de guitarras de caja a las que se incorporaba un micrófono para poderse escuchar en las bandas de *jazz*. Algunas guitarras eléctricas también cuentan con un sistema en el puente que genera un efecto de "vibrato" mediante una palanca. La guitarra eléctrica necesita siempre ser conectada a un amplificador o a un sistema de amplificación, mediante un cable. Entre los fabricantes reconocidos de este tipo de guitarras se encuentran marcas como Gibson, Fender, Ibanez, Yamaha, entre otros.

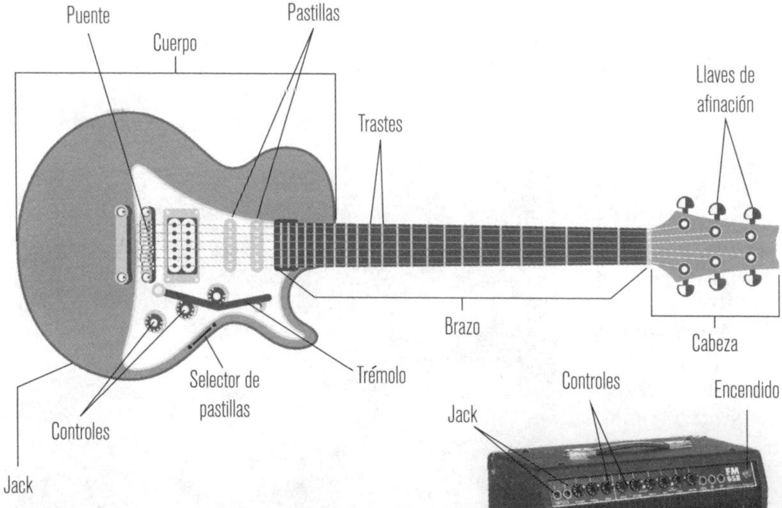

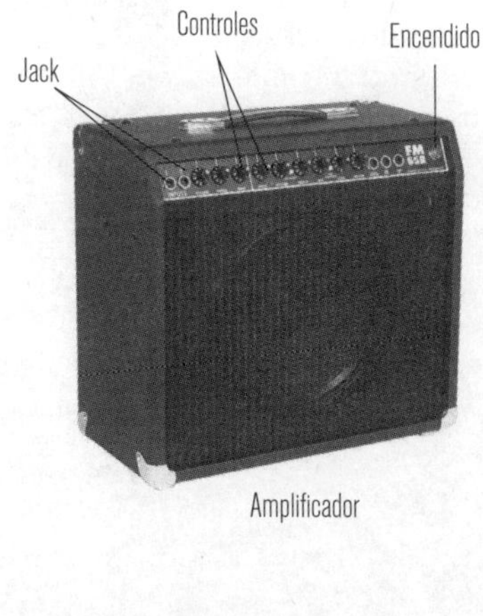

Amplificador

Siguiente paso: ahora, ¿qué guitarra debo escoger?

Qué guitarra escoger

Bien, esto va a depender de diferentes factores. Contesta las siguientes preguntas, te ayudarán a saber qué guitarra escoger.

¿Para qué estilo de música la vas a usar?

Es decir, si tu objetivo es tocar por ejemplo música clásica, ranchero, bolero, por nombrar algunos estilos, la sugerencia es que consigas una guitarra acústica. Pero si tu intención es tocar *rock, jazz* o *blues* por ejemplo, te sugiero que consigas una guitarra eléctrica.

¿Qué uso le vas a dar?

Es decir, le vas a dar un uso profesional o *amateur*. En caso de que sea para un uso profesional, te sugiero que consigas una guitarra de buena calidad ya sea acústica o eléctrica. De igual manera si el uso que le vayas a dar sea solamente *amateur*, te recomiendo que sea también de la mejor calidad posible porque esto te ayudará a que desarrolles tu técnica de manera adecuada.

En estos días la tecnología te da la facilidad de investigar las diferentes características de las diversas guitarras que existen en el mercado, así que antes de comprarte tu guitarra infórmate acerca de cuál es la que mejor te conviene y si tienes la posibilidad busca a alguien con experiencia para que te aconseje.

Afinación

La longitud de escala y las posiciones de los trastes de una guitarra están diseñados para producir una serie cromática de intervalos "temperados". Las cuerdas de la guitarra se nombran con números ordinales de abajo hacia arriba, desde las más agudas a las más graves:

1. Cuerda 1: afinada en el **Mi 4**
2. Cuerda 2: afinada en el **Si 3**
3. Cuerda 3: afinada en el **Sol 3**
4. Cuerda 4: afinada en el **Re 3**
5. Cuerda 5: afinada en el **La 2**
6. Cuerda 6: afinada en el **Mi 2**

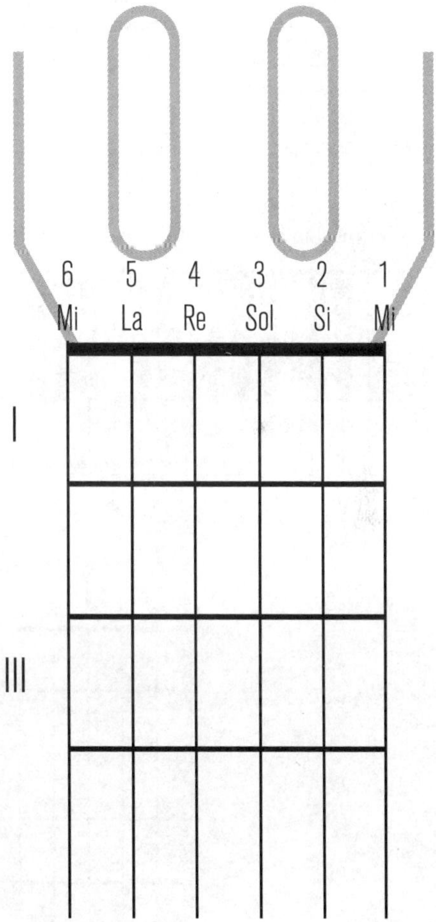

Métodos de afinación

Para la afinación de la guitarra, ajustarás el tono (sonido más agudo o más grave) de cada cuerda haciendo girar la correspondiente clavija o llave de afinación. Al tensarla, la cuerda eleva el tono, y aflojándola lo rebaja.

Afinación con un piano (o teclado):

Bien, necesitaremos algo como referencia para igualar el sonido de nuestras cuerdas; usar un piano o teclado es la manera de afinación más común. Como vimos, las cuerdas están numeradas del 1 al 6, empezando por la cuerda más delgada, y lo más importante es memorizar el nombre en que está afinada cada cuerda.

Ahora afina cada cuerda de manera secuencial, empezando por la sexta cuerda, tocando la tecla correcta en el piano (ver diagrama) y girando lentamente la llave hasta que el sonido de la cuerda iguale el sonido del piano, escucha con atención pero, principalmente trata de sentir las vibraciones, hasta que sientas que estas vibran a la misma frecuencia.

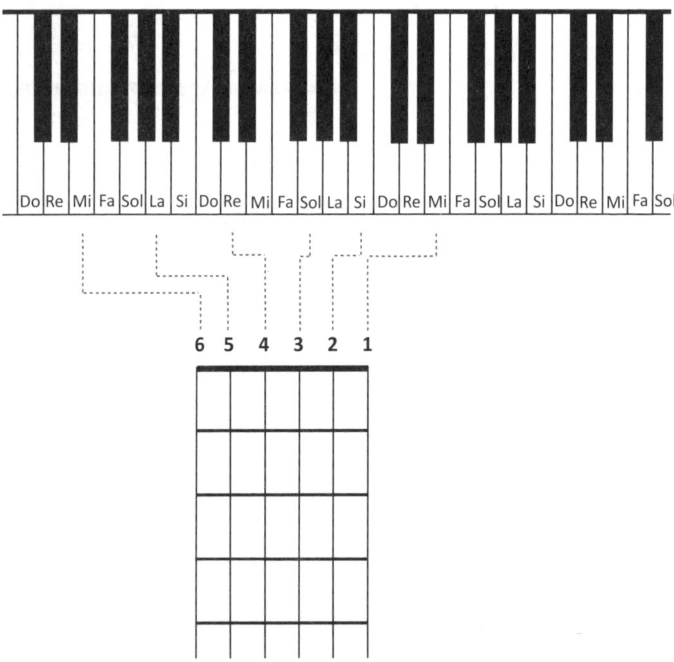

Afinación con la misma guitarra

Otra manera muy usual y práctica es afinar con la misma guitarra. Esto es así:

Necesitarás tener bien afinada por lo menos una cuerda, lo más práctico es afinar la 6.ª cuerda (Mi) o la 5.ª cuerda (La), esto lo puedes hacer con la técnica de afinar con un piano, con un diapasón (que te da el tono de La) o con cualquier cosa o instrumento que tengas a la mano (puede ser alguna canción, etcétera).

Los trastes se indican con números romanos

Una vez teniendo bien afinada tu 6.ª o 5.ª cuerda:

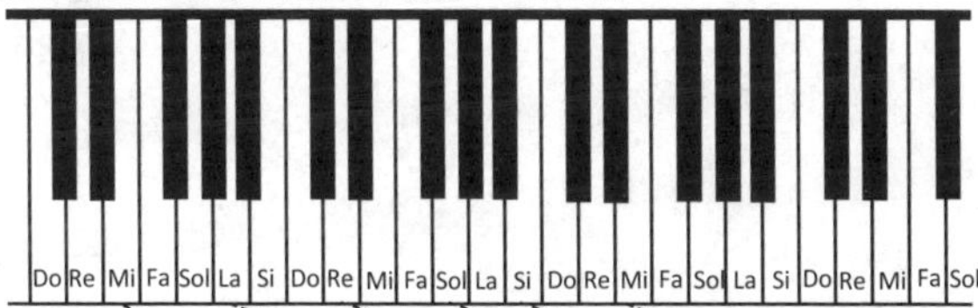

— Pisando en el traste V de la cuerda 6 se encuentra una nota La, que es la misma nota que en la cuerda 5 al aire.
— Pisando en el traste V de la cuerda 5 se encuentra una nota Re, que es la misma nota que en la cuerda 4 al aire.
— Pisando en el traste V de la cuerda 4 se encuentra una nota Sol, que es la misma nota que en la cuerda 3 al aire.
— Pisando en el traste IV de la cuerda 3 se encuentra una nota Si, que es la misma nota que en la cuerda 2 al aire.
— Pisando en el traste V de la cuerda 2 se encuentra una nota Mi, que es la misma nota que en la cuerda 1 al aire.

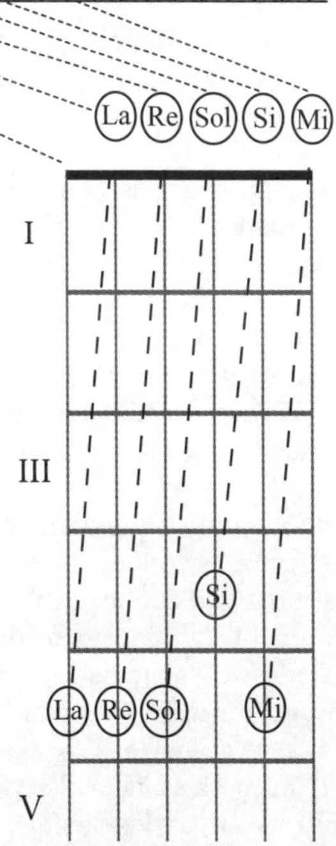

Ve sintiendo las vibraciones; cuando estés afinando y sientas que la frecuencia de la vibración está pareja, entonces ya está bien afinada tu cuerda.

La ubicación del resto de las notas sobre el brazo lo veremos más adelante.

Otras formas de afinar

La guitarra también puede ser afinada con respecto a:

— **Un diapasón, un silbato o cualquier tipo de instrumento** que te pueda "dar" alguna de las notas de la guitarra al "aire" de preferencia el Mi de la 6.ª cuerda o el La de la 5.ª cuerda, y con esta referencia puedas afinar estas cuerdas y después proceder a afinar la guitarra con el método de afinación con la misma guitarra.

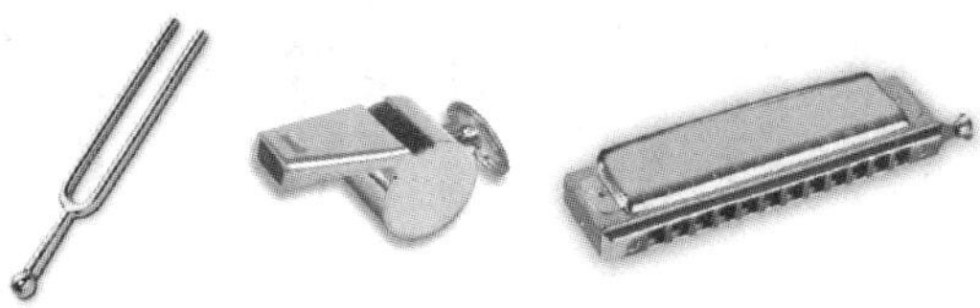

—**Un afinador electrónico:** Existen una gran variedad de afinadores electrónicos; son aparatos —muchos de ellos— que cuentan con un jack en donde puedes conectar tu guitarra eléctrica o bien contienen un micrófono el cual capta el sonido de tu guitarra acústica. Mediante un botón ajustas el tono que quieras afinar y unos leds (foquitos) o una aguja de medición te indicará cuando la cuerda está en la frecuencia justa. Muchos hoy en día son automáticos; con solo tocar la cuerda el aparato te indica en qué tono está afinado.

Una sugerencia: en cuanto termines de afinar una cuerda "tapa o ahoga" el sonido de esta antes de afinar la siguiente cuerda, esto evitará problemas.

Actualmente existen guitarras que se afinan solo con activar un control que se encuentra en el sistema electrónico de la guitarra y que hace que ajuste las llaves automáticamente. ¡Creo que es demasiado! Qué te parece si mejor educas a tu oído; practica la primer forma de afinar, con un piano, con algún instrumento o con alguna canción o canciones y poco a poco ve educando a tu oído a que sienta cuando tu guitarra esté afinada; créeme que esto a la larga te servirá mucho más que tener una "guitarra mágica".

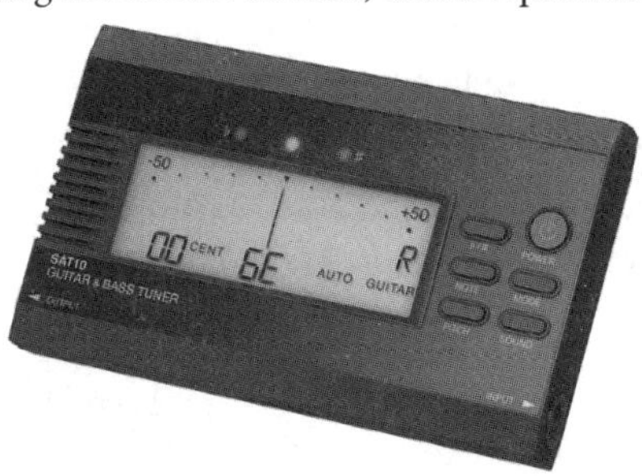

Y un buen consejo te doy: si no tienes la capacidad de afinar tu propia guitarra, mejor no te subas a un escenario. Los aparatos electrónicos o la falta de conocimiento para usarlos siempre causarán problemas. **Pero tu instinto nunca.**

Accesorios necesarios

Perfecto, ¿y qué necesitas aparte de una guitarra bien afinada (y obviamente, tu primer libro de *Guitarra. Aprende*)? Solo un par de cosas más nos van a hacer falta: un metrónomo y unas plumillas.

Metrónomo

Es un aparato que nos va dando y marcando el tempo, es decir, el grado de velocidad de la ejecución musical. En la actualidad los metrónomos más usados son los electrónicos, los cuales van dando sonidos constantes y por medio de algún ajuste incrementan o disminuyen la velocidad.

El signo que usaremos para definir la velocidad o tempo de algún ejercicio o ejemplo es el siguiente:

♪ = 120

Plumillas

Son un accesorio hecho de diferentes materiales (por lo general de plástico) tamaños y formas, que sirven para hacer sonar con nuestra mano derecha las cuerdas de la guitarra.

En este primer libro usaremos solamente la técnica de "plumilleo" es decir ocuparemos para tocar una plumilla.

Otros accesorios

Hay más accesorios que te serán de gran utilidad. Y esto va a depender en gran parte de qué tanto te interese seguir aprendiendo y seguir explorando el mundo de la guitarra y la música.

Si practicas con guitarra acústica no necesitas muchas más cosas; quizá una mejor guitarra, algún atril de lectura o para tu guitarra, estuches o funda para protegerla.

Pero si practicas en guitarra eléctrica te aseguro que cada vez querrás más accesorios, como algún efecto que procese la señal, un distorsionador, un chorus, un delay, etc. o un amplificador de tal o cual marca y de tal o cual potencia, en fin ya lo irás viviendo.

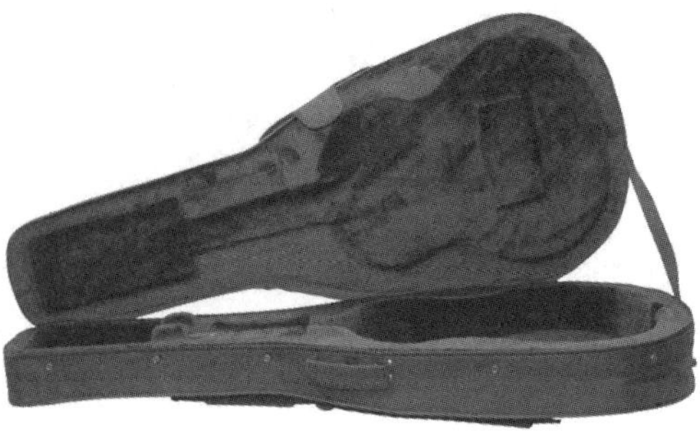

Escritura musical

A continuación te muestro la manera en la cual estarán escritos los ejercicios y ejemplos.

En el siguiente ejemplo (fig. 1) aparecen los signos gráficos que se emplean en la escritura musical para la guitarra.

Los principales signos y elementos que se emplean son los siguientes:

1. **Pentagrama:** es el grupo de cinco líneas horizontales, paralelas y equidistantes, donde se escriben los signos musicales.
2. **Claves:** son los signos que se escriben al principio de cada pentagrama y sirven para determinar el nombre y la altura de las notas en la escala general de los sonidos. En la escritura para guitarra se emplea por lo regular la clave de Sol, y en algunas ocasiones la clave de Fa.

clave de Sol

clave de Fa

3. **Notas:** son los signos en forma de óvalo que representan los sonidos según su ubicación y sus valores, o sea su duración según su forma.
4. **Silencios:** son signos que indican la interrupción o negación del sonido.
5. **Alteraciones:** son los signos que se escriben a la izquierda de las notas o a la derecha del cifrado (letra) y sirven para alterar el tono de la nota. Las principales alteracciones son el sostenido (#) ½ tono arriba, el bemol (♭) ½ tono abajo y el becuadro (♮) elimina la alteración.

6. **Compás:** es la unidad de medida que sirve para dividir el tiempo en la música. El compás se indica con dos números en forma de quebrado que se escriben al principio de una obra musical, después de la clave, y de la armadura.

— **Signos de indicación del compás:** 2/4 (dos cuartos), 3/4 (tres cuartos), 4/4 (cuatro cuartos).
— **Barras de compás:** son las líneas divisorias que separan y dividen los compases.

7. **Barras de repetición:** son las líneas verticales dobles, una más gruesa que otra, con dos puntillos, los que abarcan la 3.ª línea del pentagrama que encierran un fragmento musical que debe repetirse.
8. **Tablatura:** es el grupo de seis líneas horizontales, paralelas y equidistantes que representan las seis cuerdas de la guitarra, donde se escriben los números que indican los trastes donde tocarás las notas que están escritas en el pentagrama.
9. **Plumilleo:** estos signos indican la dirección del golpe de la plumilla, arriba o abajo.
10. **Digitación:** estos números encerrados en un círculo indican el dedo de la mano izquierda que deberás usar.
11. **Cifrado:** son las letras que se ubican encima de las notas y van a indicar la armonía en la que se encuentra el fragmento musical, y es la letra que nos va a indicar el acorde que se puede tocar.

figura 1

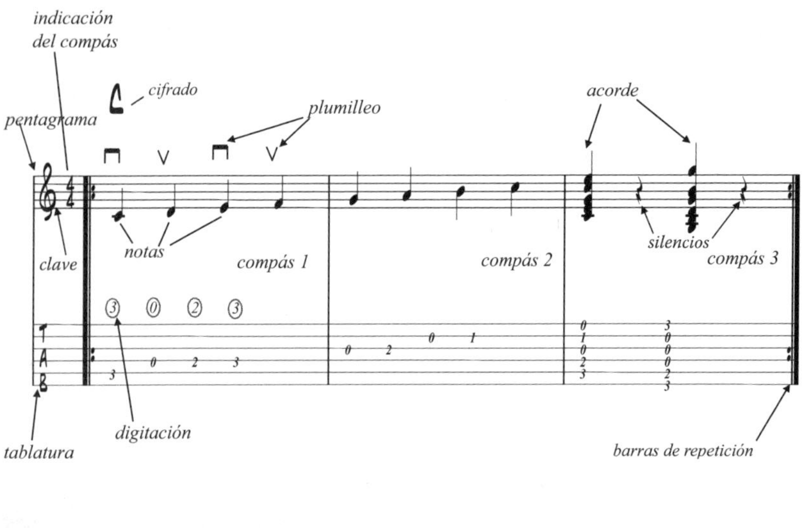

Diagramas usados en este libro

Diagrama del brazo de la guitarra

El siguiente diagrama es el que estaremos usando para referirnos al brazo de la guitarra:

Las líneas horizontales indican los trastes del brazo de la guitarra y las líneas verticales representan las seis cuerdas de la guitarra.

De izquierda a derecha, la primer línea significa la 6.ª cuerda, la más grave, y va subiendo hasta la primer cuerda.

Los trastes se indican con números romanos.

Estos diagramas los usaremos tanto para indicar alguna escala como para indicar un acorde.

Ejemplo:

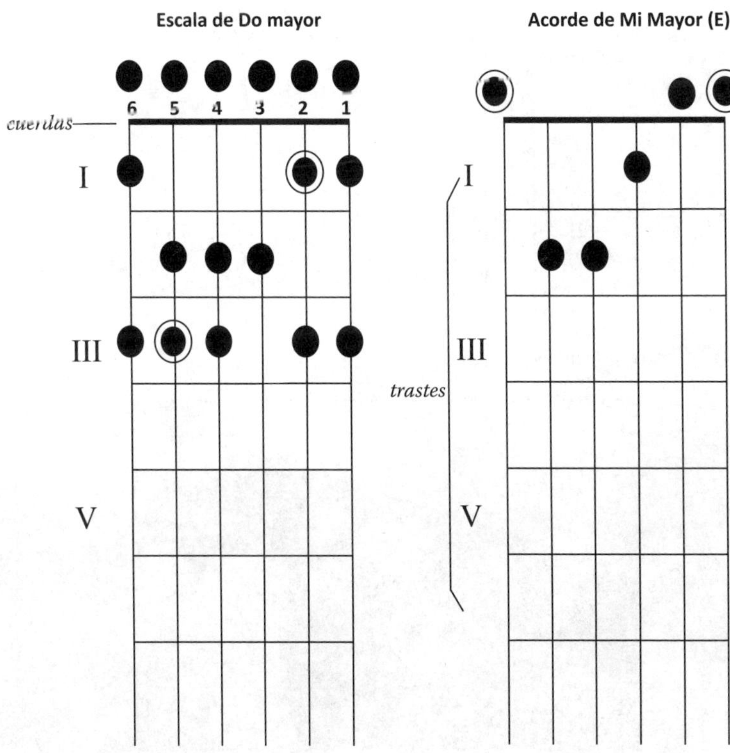

Diagrama para un acorde

Este es el diagrama que usaremos para describir a un acorde.

Los círculos marcan las notas del acorde, y los números que se encuentran adentro son los dedos de la mano izquierda con los que tocarás estas notas, y las letras que se encuentran debajo del diagrama es el cifrado de las notas que pertenecen al acorde.

OJO. El 0 (cero) indica que esa cuerda "sí" se debe de tocar pero al "aire", es decir sin pisarla con algún dedo de tu mano izquierda.

Ejemplo:

Ejemplo:

Acorde de Mi Mayor (E)

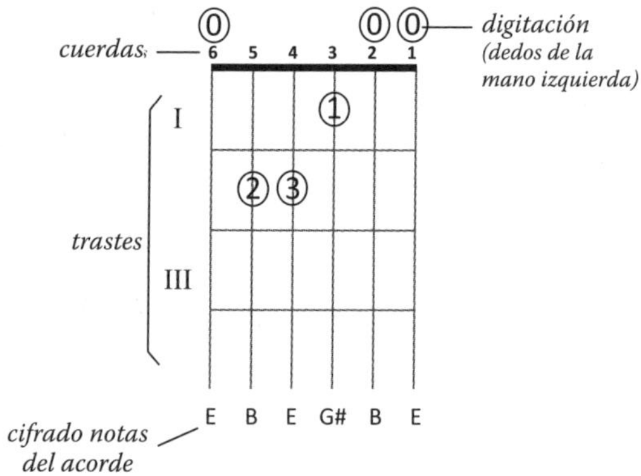

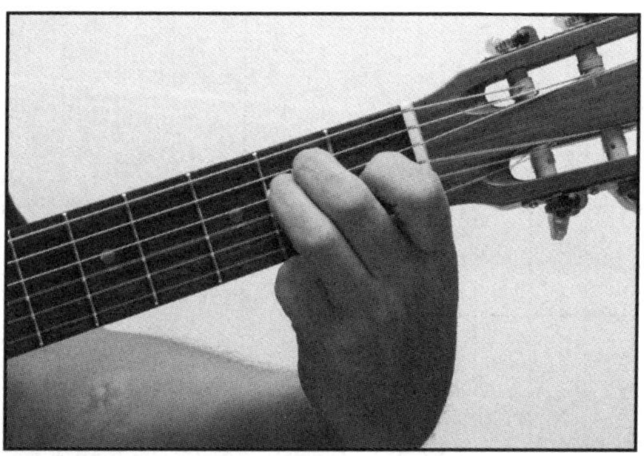

Diagrama para un acorde (continuación)

En el siguiente ejemplo aparece una "X" en la sexta cuerda; cuando esta señal aparezca en un diagrama para un acorde significa que esa cuerda "no" se debe de tocar.

De igual manera los círculos marcan las notas del acorde, y los números que se encuentran adentro son los dedos de la mano izquierda con los que tocarás estas notas, y las letras que se encuentran debajo del diagrama es el cifrado de las notas que pertenecen al acorde.

Acorde de Do Mayor (C)

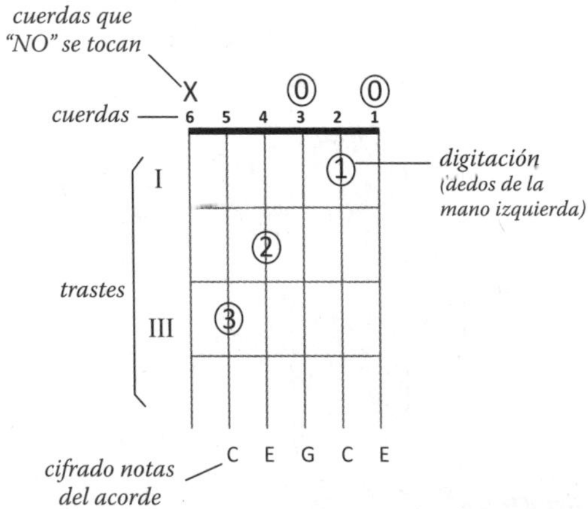

Diagrama para un acorde (continuación)

En el siguiente ejemplo aparece una "cejilla" marcada con una línea curva cubriendo las seis cuerdas, esto indica que "pisarás" las seis cuerdas con el dedo marcado (que por lo general será con el dedo 1 de tu mano izquierda).

De igual manera los círculos marcan las notas del acorde, y los números que se encuentran adentro son los dedos de la mano izquierda con los que tocarás estas notas, y las letras que se encuentran debajo del diagrama es el cifrado de las notas que pertenecen al acorde.

Los trastes se indican con números romanos.

Acorde de Fa Mayor (F)

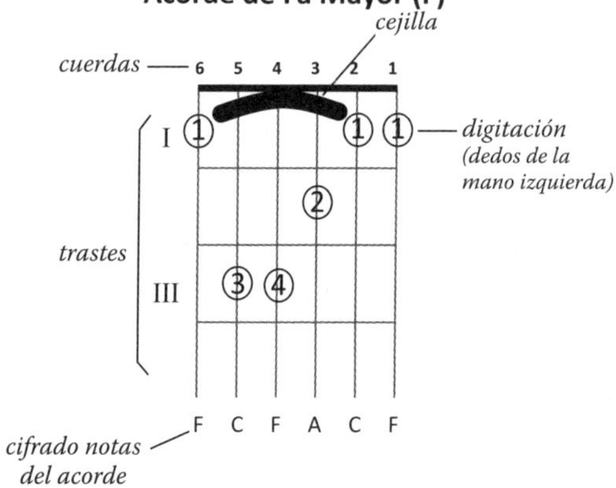

Diagrama para una escala

Este es el tipo de diagrama que usaremos para indicar los puntos en donde se encuentran localizadas las notas de dicha escala. Este diagrama muestra la localización de las notas de la escala en un área o altura específica del brazo de la guitarra, mas no indica la forma en que se tocarán esas notas. Este tipo de diagrama va a requerir de una escritura musical ya sea en pentagrama o en tablatura o en ambas que indique la forma en que se tocará la escala. La digitación también lo debe de indicar la escritura musical.

Ejemplo con la escala de Do mayor Forma 1:

Escala de Do mayor

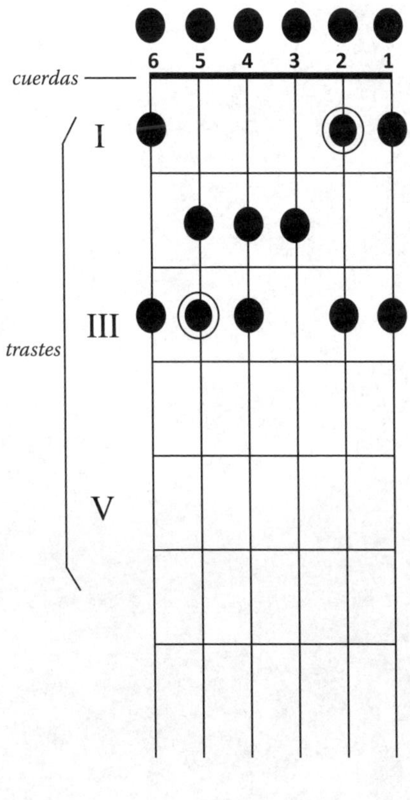

Los puntos en negro marcan el lugar en donde se encuentran las notas de la escala, y el punto negro encerrado en un círculo es la Tónica.

Ejercicios de digitación y coordinación 1

Antes de comenzar a mover los dedos, veamos las definiciones de ciertos términos y algunas explicaciones sobre las técnicas que usaremos.

Digitación

Le vamos a llamar ejercicios de digitación a los que adiestren a nuestros dedos para tocar la guitarra.

Plumilleo

A lo largo de este libro utilizaremos solamente la técnica con plumilla.

Esto es sencillo, se usan plumilleos hacia abajo o hacia arriba, lo que se llama alternado.

⊓ = hacia abajo   V = hacia arriba

¿Cómo agarrar la plumilla?

Bien, aquí esta la forma más práctica de hacerlo:

— Coloca la huella de tu pulgar sobre la parte plana de la plumilla, formando una especie de "hacha" (foto).

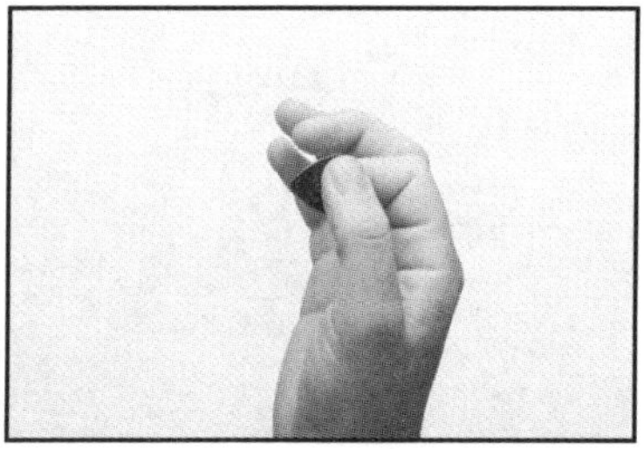
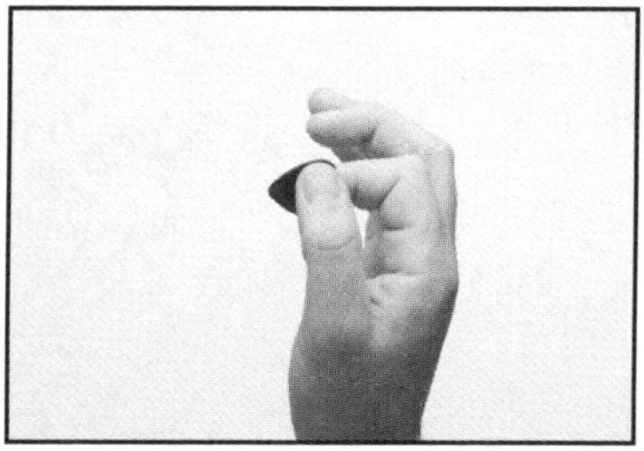

— Después con la parte lateral de tu índice aprisiona la plumilla (foto).

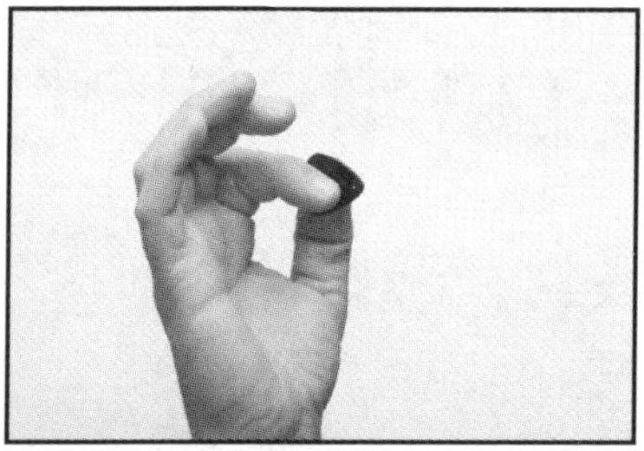
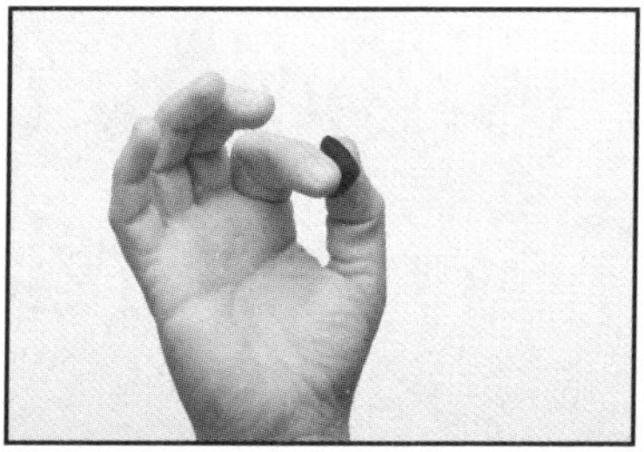

Posición de la mano derecha

Para estos primeros ejercicios de coordinación, ubica los dos puntos de la base de tu palma derecha (ver foto 1) sobre el puente sin presionar demasiado, solamente apoyandose levemente, ten cuidado de no "tapar" el sonido de alguna cuerda que tenga que sonar. Esta técnica la veremos más adelante.

Por el momento es importante que "todas" las notas que toques suenen claramente.

(foto 1)

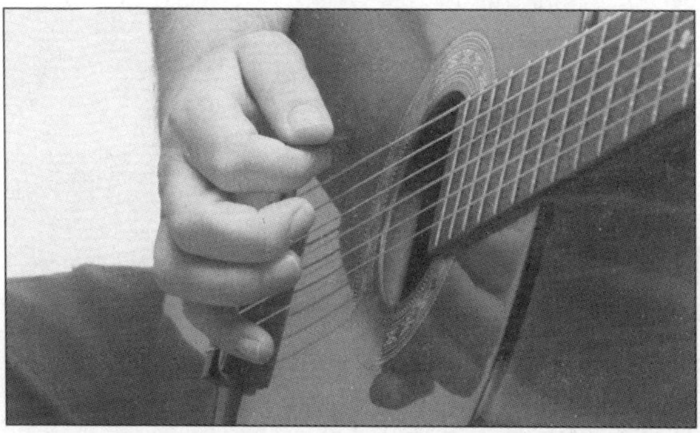

(foto 2)

Adopta una posición cómoda, que siempre sea "natural".

Ejercicios con secuencias de cuatro notas

Objetivo:

Coordinación entre tus dos manos y adiestramiento de los dedos.

Empezaremos nuestra práctica con estos ejercicios básicos y fundamentales.

Este es el ejercicio por excelencia de calentamiento, fuerza y sincronización de todos los dedos de la mano izquierda. Con tu mano derecha darás los golpes con la plumilla.

La secuencia es la siguiente:

a) Comenzando con el dedo 1 de tu mano izquierda:

plumilleo	⊓	V	⊓	V
1.-	1	2	3	4
2.-	1	2	4	3
3.-	1	3	2	4
4.-	1	3	4	2
5.-	1	4	2	3
6.-	1	4	3	2

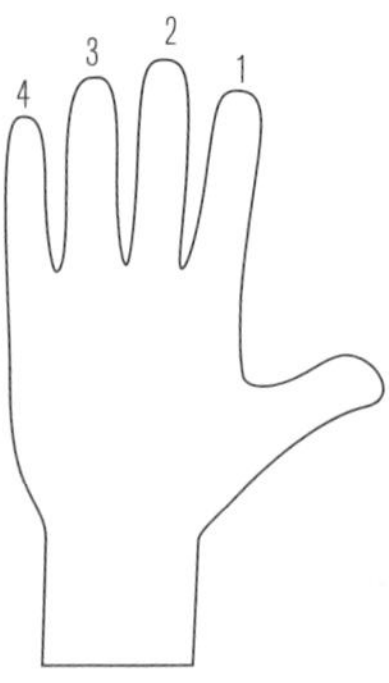

Los números indican los dedos de la mano izquierda:

El 1 = dedo índice
El 2 = dedo medio
El 3 = dedo anular
El 4 = dedo meñique

Cómo se tocan las secuencias:

En la parte superior se indica la dirección de la plumilla (mano derecha)

	⊓	V	⊓	V
1.-	1	2	3	4

Cada una de las series de cuatro números (golpes o notas), las tocaremos en orden y de manera ascendente a través de las seis cuerdas, comenzando por la sexta y llegando hasta la primera y de regreso.

Cuando toques una nota, asegúrate de que tu dedo esté presionando en medio del traste:

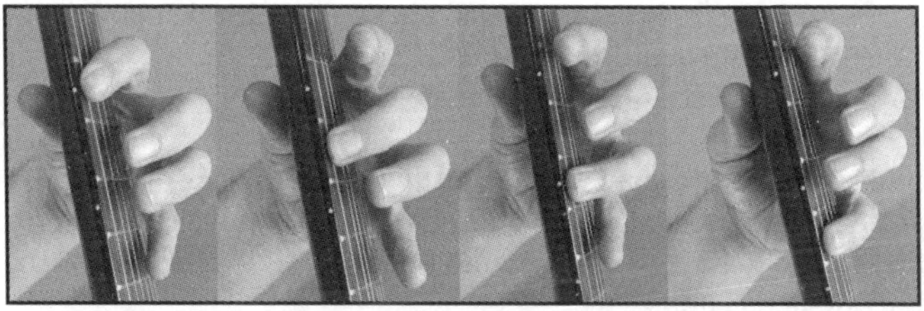

Nota la posición del dedo pulgar, así como la forma "arqueada" de la palma

Te sugiero, sobre todo si eres principiante, que comienzes a partir del traste 3, es decir:

— el dedo 1 se localizará en el traste 3,
— el dedo 2 en el traste 4,
— el dedo 3 en el traste 5,
— y el dedo 4 en el traste 6.

Conforme vayas avanzando y fortaleciendo tu mano izquierda, ubica el dedo 1 sobre el traste 1, el 2 en el traste 2, el 3 en el traste 3 y el 4 en el traste 4.

Esta es la técnica que usaremos para los primeros ejercicios de digitación y coordinación.

Tablatura

Para ser más claros, nos ayudaremos con el sistema de escritura en tablatura.

Esto es, cada línea representa una cuerda de la guitarra.

La línea de arriba representa a la cuerda 1, la más aguda y la línea de hasta abajo representa la sexta cuerda, la más grave.

Y los números que se encuentran sobre las líneas indican el traste en donde se debe tocar la nota.

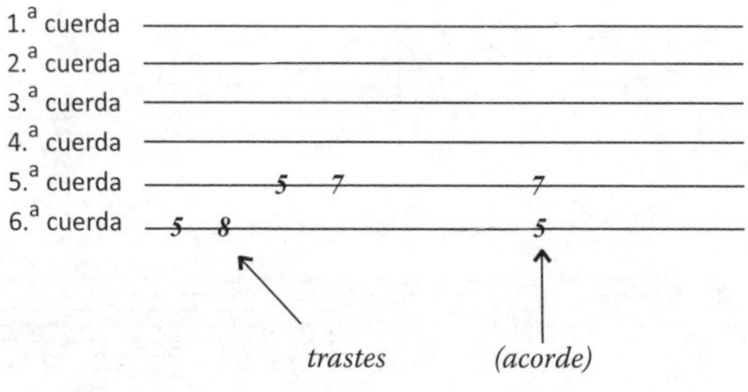

Cuando los números están escritos de manera lineal es decir horizontal, se está describiendo una "melodía".

Cuando los números están escritos uno encima del otro de manera vertical, se está señalando un acorde (armonía).

De esta manera las series de ejercicios de coordinación se verán de esta forma:

El ejemplo está escrito para tocarlo en los primeros trastes, pero si te cuesta trabajo hacer sonar las notas, sobre todo las del traste 1, comienza a partir del traste 3 o del 5, por el momento no importa, lo que sí importa es que las notas suenen claramente.

Vamos a comenzar ajustando el metrónomo a una velocidad de 60 y vamos a dar una nota por cada golpe del metrónomo. Después iremos incrementando la velocidad gradualmente.

♩ = 60 → ♩ = 76

1.- 1 - 2 - 3 - 4

⊓ V ⊓ V *(mismo plumilleo..........)*

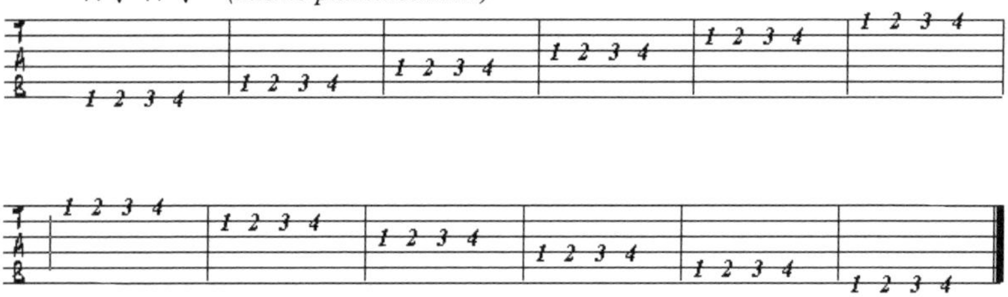

2.- 1 - 2 - 4 - 3

⊓ V ⊓ V *(mismo plumilleo..........)*

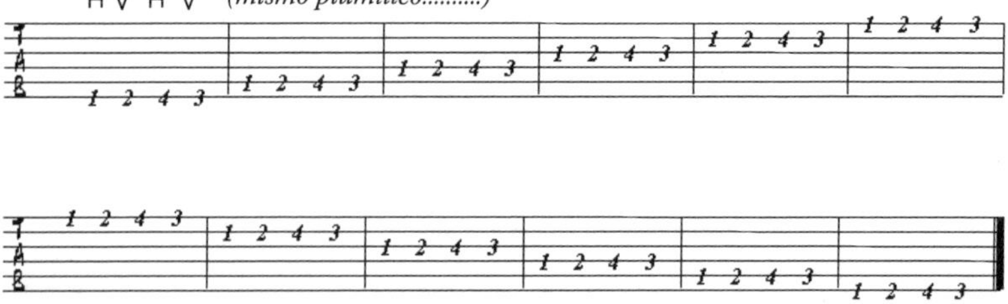

Para evitar que las cuerdas sigan resonando cuando vas ascendiendo de la cuerda 6 hacia la 1, trata de apagarlas con los puntos base de tu palma derecha.

Recuerda que el término ascender en este caso se usa porque vas ascendiendo de tono, de grave a agudo.

♩ = *60* → ♩ = *76*

3.- 1 - 3 - 2 - 4

⊓ V ⊓ V *(mismo plumilleo..........)*

4.- 1 - 3 - 4 - 2

⊓ V ⊓ V *(mismo plumilleo..........)*

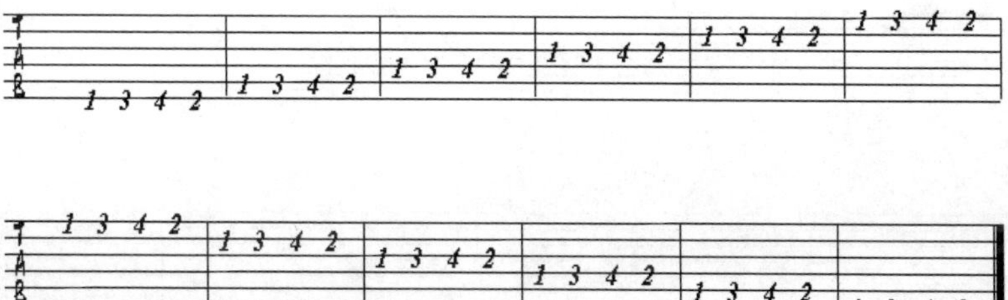

De igual manera para evitar que las cuerdas sigan resonando cuando vas descendiendo de la cuerda 1 hacia la 6, en esta ocasión con la parte interna de los dedos de la mano izquierda ve apagando las cuerdas que ya tocaste.

Esto te ayudará a ir desarrollando una técnica más "limpia", es decir que tus notas suenen con la duración necesaria.

♩ = 60 → ♩ = 76

5.- 1 - 4 - 2 - 3

6.- 1 - 4 - 3 - 2

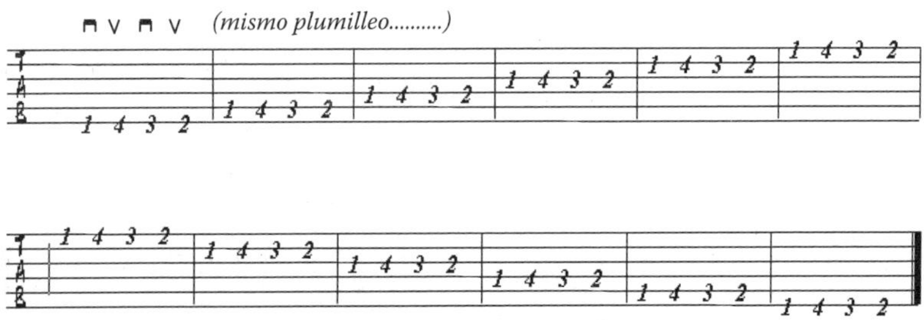

Ve incrementando "gradualmente" la velocidad del metrónomo hasta llegar al 108; recuerda que por el momento solo vamos a dar una nota por golpe.

La melodía en la guitarra 1.

I.ª PARTE

Elementos de la música

Los principales elementos de la música son:

1. Melodía
2. Armonía
3. Ritmo

Iremos analizando cada uno de estos elementos enfocándolos hacia la guitarra.

Escala

Entendamos por escala una sucesión de notas consecutivamente ordenadas en base a una fórmula específica y única. Existen muchos tipos de escalas; en este primer número veremos solamente las necesarias para ir creando las bases.

Ejemplo:

Escala de Do Mayor

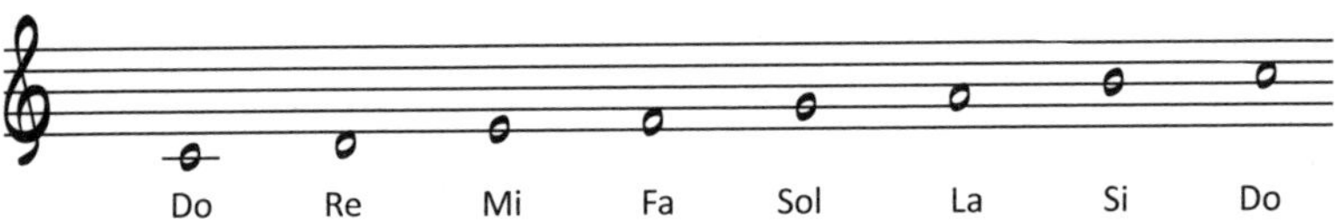

Antes de seguir adelante debemos de comprender algunos importantes términos y unos signos.

Tono y semitono

Tono

Le vamos a llamar tono a la distancia más grande que hay entre dos grados conjuntos de la escala diatónica. Ejemplo: de Do a Re; de Sol a La.

La escala diatónica es la sucesión de siete sonidos, más la repetición del primero, que están dispuestos por grados conjuntos según las leyes de la tonalidad.

En la guitarra la distancia de un tono será la misma que hay entre DOS trastes.

Semitono

Le vamos a llamar semitono a la distancia más pequeña que hay entre dos grados conjuntos de la escala diatónica.

En la guitarra la distancia de un semitono (o medio tono) será la misma que hay de un traste a otro.

Ejemplo:

No importa a qué altura del brazo sea, **siempre será la misma distancia**

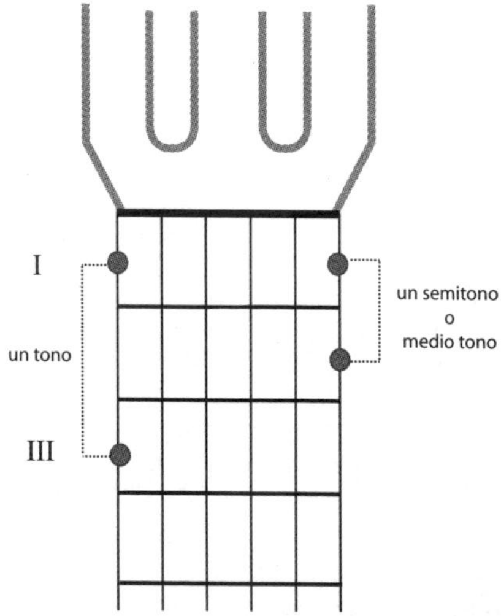

Alteraciones

Las alteraciones son signos que en un pentagrama se escriben a la izquierda de las notas y sirven para modificar su entonación.

Las principales alteraciones son:

♯ = **SOSTENIDO**

Este signo altera a la nota ascendentemente un semitono o lo que es lo mismo medio tono. O sea UN TRASTE en la guitarra.

♭ = **BEMOL**

Este signo altera a la nota descendentemente un semitono o lo que es lo mismo medio tono. O sea UN TRASTE en la guitarra.

♮ = **BECUADRO**

Este signo anula el efecto del sostenido o del bemol y hace retornar a la nota a su sonido natural o inicial si es que fue alterada.

Cifrado

Le vamos a llamar cifrado al grupo de letras mayúsculas que se le asignan a cada uno de los nombres de las notas.

Do = C
Re = D
Mi = E
Fa = F
Sol = G
La = A
Si = B

Estas letras se van a usar para nombrar una nota, una escala o un acorde. Cuando se use para darle nombre a una nota sola, solo aparecerá la letra.

Pero, cuando se use para darle nombre a una escala si la letra aparece sola será escala mayor y si la letra va acompañada de una "m" minúscula será escala menor.

De la misma forma cuando se use para darle nombre a un acorde si la letra aparece sola será acorde mayor y si la letra va acompañada de una "m" minúscula será acorde menor. El resto de las formas de cifrar acordes o escalas se verán en su momento.

Ejemplo:

C = Do mayor
F = Fa mayor
A = La mayor
Bb = Si bemol mayor
Cm = Do menor
Fm = Fa menor
Am = La menor
G#m = Sol sostenido menor

Debido a la gran variedad de acordes que existen, mientras vayamos avanzando y conociendo acordes más complejos, el cifrado irá cambiando, se le irán agregando signos pero, la base será la misma.

La escala cromática

Muy bien, empecemos a analizar las escalas.

En primer lugar, veremos la escala cromática con el fin de reconocer las notas de esta escala en la guitarra. La escala cromática está formada únicamente de semitonos y está constituida, por lo tanto, por doce sonidos. Veremos la relación y ubicación de estos doce sonidos sobre el brazo de la guitarra.

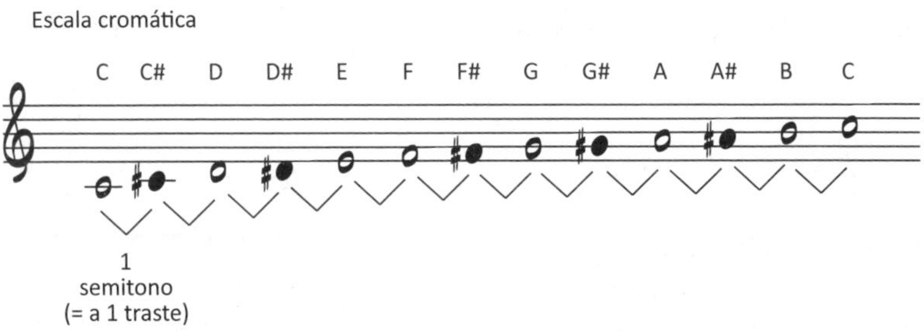

Enarmonía

Se le llama enarmonía a la relación que hay entre notas de diferente nombre, pero que representan el mismo sonido.

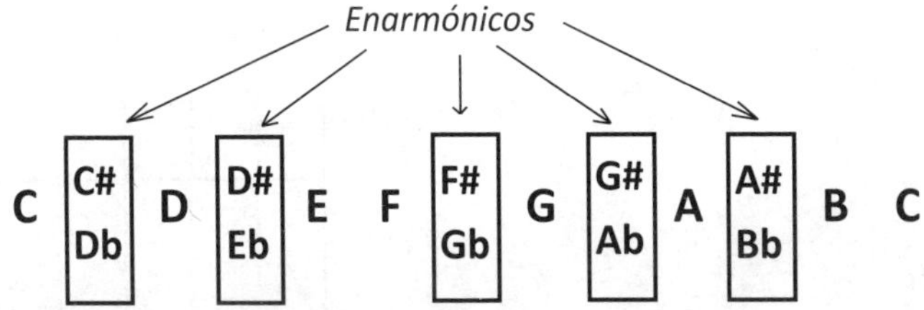

Las notas encerradas en un rectángulo son los enarmónicos, estos vienen siendo las teclas negras de un piano.

Las notas en la guitarra

Habiendo conocido la escala cromática y sentado las bases teóricas suficientes, veamos la localización de las notas sobre el brazo.

Es muy importante que memorices para comenzar el tono en que están afinadas las cuerdas al aire en la guitarra, es decir, sin que estés "pisando" en algún traste.

También es importante que te familiarices con estos diagramas.

Las 6 líneas verticales representan las 6 cuerdas de la guitarra, la primera de izquierda a derecha representa a la 6.ª cuerda, y las líneas horizontales marcan los trastes, que los indicaremos con números romanos.

Puntos de referencia

Sobre el brazo de cualquier guitarra encontrarás, "puntos de referencia" que te ayudarán a localizar mas rápidamente algún traste.

Los trastes marcados son:

el I
el III
el V
el VII
el IX
el XII
el XV
el XVII
el XIX

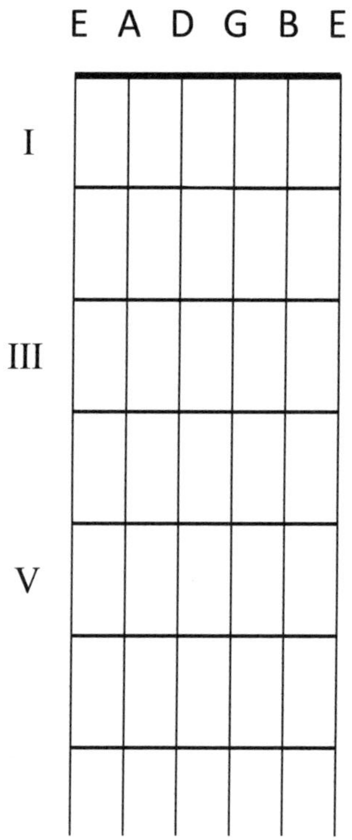

Diagrama del brazo con la ubicación de las notas

Ejercicio:

En base a la escala crómatica y al esquema de los enarmónicos, escribe con un lápiz todas las notas que se encuentran sobre el brazo. Ya están marcadas algunas de ellas, sigue este ejemplo y termina de llenar los espacios vacíos. Recuerda que entre C (Do) y D (Re) y entre E (Mi) y F (Fa) solamente hay un semitono o medio tono, o sea un traste de separación.

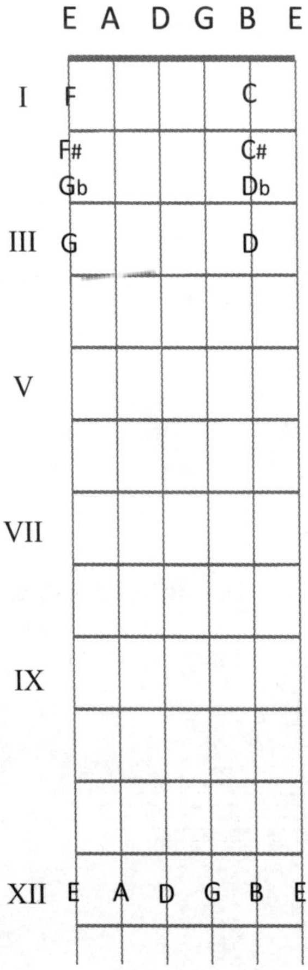

Observa que: al llegar al traste XII las notas son las mismas que al "aire" pero una octava más arriba.

Sigamos adelante. Ahora es tiempo de definir lo que es la melodía y su relación con la guitarra.

Melodía

La melodía es la sucesión de sonidos de diferente altura (afinación o tono), animados por el ritmo y que expresan una idea musical. La melodía tiene una concepción horizontal, es decir suenan sucesivamente uno después del otro dándole identidad y sentido propio. Los silencios también forman parte de la estructura de la melodía, colocando pausas al "discurso melódico".

La melodía está directamente relacionada con las escalas.

La escala mayor

Formación y estructura

La escala que se toma como modelo para conocer y estudiar las escalas mayores es la escala de Do, la cual tiene todas sus notas "naturales", es decir, no tienen ninguna alteración (♯ = sostenido o ♭ = bemol).

La fórmula de la escala mayor tiene 5 tonos y 2 semitonos dispuestos de esta forma:

semitonos ⟶	2	2	1	2	2	2	1	
grados ⟶	I	II	III	IV	V	VI	VII	I

Tetracordes de la escala mayor

Tetracorde es la sucesión de cuatro sonidos consecutivos dispuestos o separados por semitonos y tonos. Todas las escalas de siete notas tienen dos tetracordes uno superior y otro inferior. El tetracorde de la escala mayor está construido por la siguiente serie de tonos y semitonos:

Tetracorde mayor

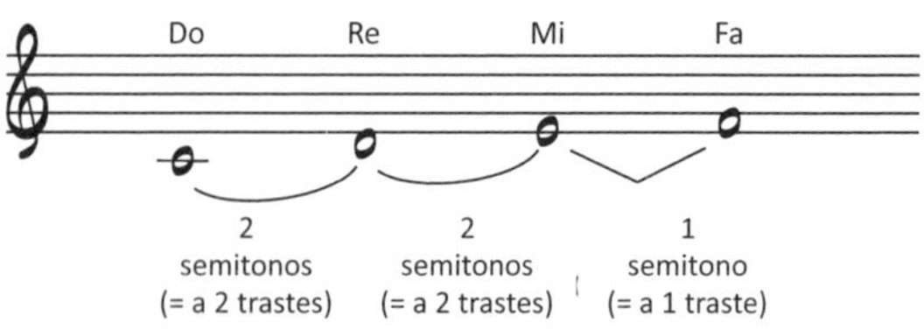

La escala mayor consta de dos tetracordes iguales, el inferior y el superior, y la unión que existe entre estos dos tetracordes es de un tono, 2 semitonos o lo que es lo mismo, 2 trastes.

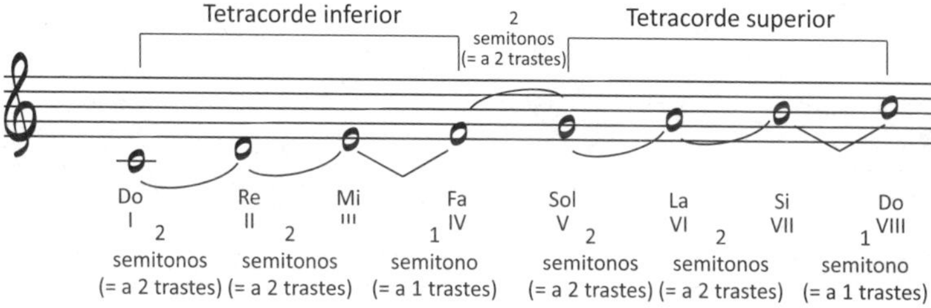

Observa cómo los dos tetracordes de la escala mayor son idénticos en su estructura, es decir, de la primera a la segunda nota (de Do a Re y de Sol a La) hay 2 semitonos, que en la guitarra es igual a dos trastes, de la segunda a la tercera (de Re a Mi y de La a Si) hay 2 semitonos y de la tercera nota a la cuarta (de Mi a Fa y de Si a Do) hay solamente 1 semitono.

Entender esto te ayudará más adelante a comprender la formación del resto de las escalas mayores.

Tónica: Nota que le da el nombre a la escala o al acorde.
Ejemplo:
la tónica de la escala mayor de Do es la nota 'Do',
la tónica de la escala mayor de Mi es la nota 'Mi',
la tónica del acorde de La menor es la nota 'La',
la tónica del acorde de Mi menor es la nota 'Mi'.

Cinco formas básicas

Muy bien, ahora que ya sabes cómo se forma la escala mayor comenzaremos a practicar las 5 formas o patrones básicos. En un inicio las estudiaremos sobre la escala de Do mayor. Estas 5 formas abarcan todo el brazo de la guitarra y van cubriendo diferentes rangos sobre la altura del brazo.

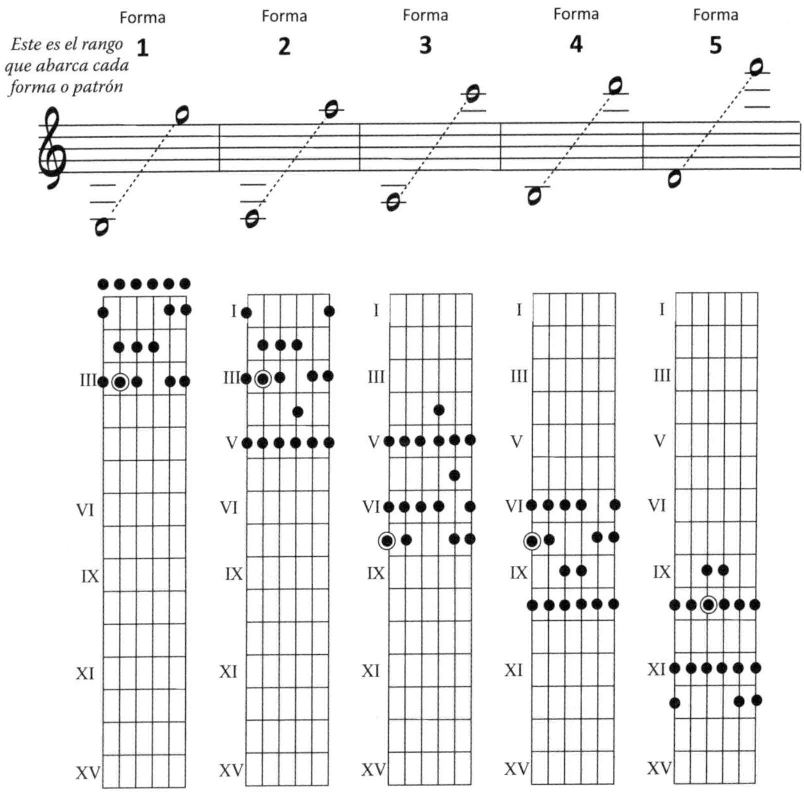

La nota que se encuentra encerrada en un círculo, es la Tónica.

Observa que las notas, representadas por los puntos negros están ubicados en donde están las notas "naturales" de la escala de Do mayor.

Escala de Do mayor. Forma 1

Espero que hasta ahora ya tengas bien entendido los términos de "tónica"y de cómo es la estructura de la escala mayor, y que ya tengas listo tu metrónomo. Y obviamente, que tengas bien afinada tu guitarra.

Bien, para realizar los ejercicios usaremos tanto la escritura musical como la tablatura, y verás también algunas otras marcas como por ejemplo el plumilleo, el tempo (la velocidad a la que ajustarás tu metrónomo), entre otros que ya te iré explicando en su momento.

Estos primeros ejercicios están hechos para tocarlos en la Forma 1 de la escala mayor de Do:

Forma 1

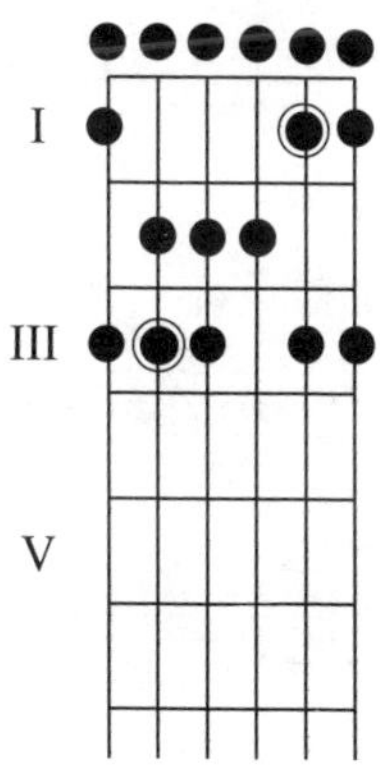

Observa que esta forma abarca 4 trastes, contando las notas al aire.
En esta forma usaremos solo los dedos 1, 2 y 3 de la mano izquierda.
Las notas que están en el traste I con el dedo 1
Las notas que están en el traste II con el dedo 2
Las notas que están en el traste 3 con el dedo 3

El rango que abarca esta forma es:

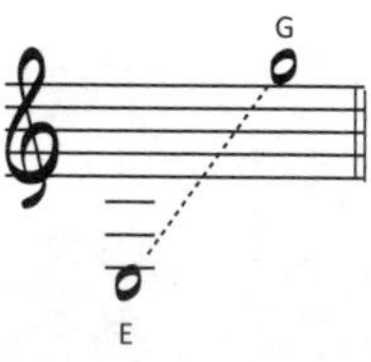

Recuerda que los puntos en negro, son los lugares en donde se encuentran las notas de la escala de Do mayor, y que el punto negro encerrado en un círculo es la "tónica".

En este caso, hay dos "Do" en esta forma, uno está en el traste III de la quinta cuerda y el otro está en el traste I de la segunda cuerda.

Comienza a memorizar cada una de las formas.

Ejercicios sobre la escala de Do mayor Forma 1

Listo, movamos esos dedos, y hagamos sonar la escala.

En primer lugar, comienza a memorizar la forma 1. Estudia esta forma de la siguiente manera:

Toca de la forma en que está escrita, con plumilleo alternado.

Aún no hemos visto las figuras rítmicas, así que por el momento da una nota por cada golpe de tu metrónomo, o sea, en "cuartos".

Los números encerrados en un círculo indican los dedos de la mano izquierda. En este caso coinciden con los números de los trastes escritos en la tablatura.

Asegúrate de que todas las notas suenen claras y con buen volumen, que se escuchen con buena presencia.

Forma 1: Ejercicio 1 en C

Este ejercicio comienza y termina con el Do del tercer traste en la quinta cuerda, asciende hasta el Sol del tercer traste de la primer cuerda, y desciende hasta el Mi de la sexta cuerda al "aire".

En la mano derecha estaremos usando el plumilleo alternado, arriba, abajo, arriba, abajo, etc. los ejercicios están escritos en octavos, sí ya lo sé, aún no hemos visto los valores rítmicos; en esta ocasión **daremos una nota en cada golpe del metrónomo**, como si fueran cuartos.

El tempo (velocidad con la que vas a tocar el ejercicio) con el que empezaremos, será el de 60 e iremos subiendo de velocidad progresivamente. Así que ajusta tu metrónomo.

Forma 1: Ejercicio 2 en C

Otra secuencia sobre la misma forma 1. Por el momento solamente veremos cuatro ejercicios sobre cada forma, pero no te preocupes te aseguro que será suficiente para comenzar, más adelante veremos algunas combinaciones.

♩ = 60 *tempo del metrónomo*

Forma I: Ejercicio 3 en C

En este ejercicio tenemos un "salto por terceras" de la primera a la segunda nota en cada grupo de cuatro notas, es decir en el primer compás el C salta a E saltándose a la nota D y regresa. Cuando estudiemos los intervalos entenderás su importancia y aplicación. Por el momento percibe las diferencias y similitudes que hay entre cada ejercicio.

Forma I: Ejercicio 4 en C

Más saltos por terceras, en esta ocasión va saltando por terceras en cada nota, es decir de C a E, de D a F, de E a G, etcétera.

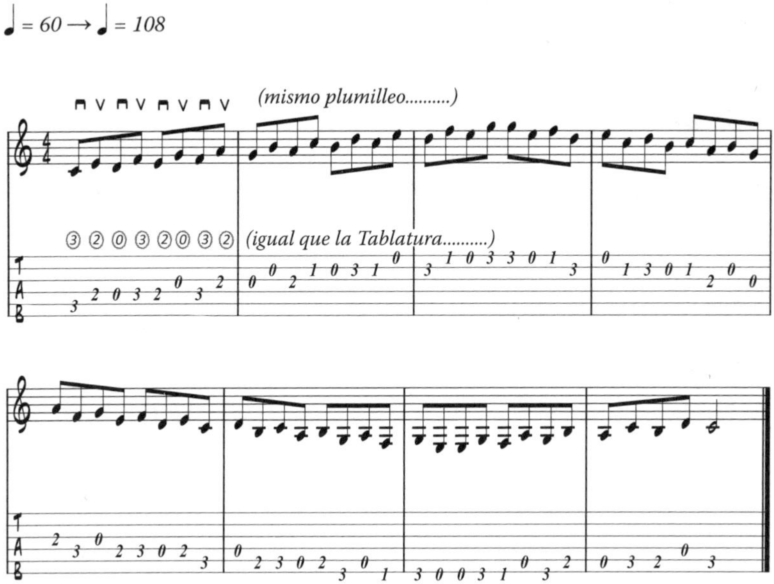

REPASO 1

Hasta ahora hemos estudiado:

La guitarra

1. La guitarra acústica:

   — qué es
   — sus partes

2. La guitarra eléctrica:

   — qué es
   — sus partes

3. Qué guitarra escoger:

   — cómo escoger la guitarra indicada

4. Las diferentes maneras de cómo afinar la guitarra:

   — afinación con un piano
   — afinación con la misma guitarra
   — con un afinador electrónico
   — otras referencias para afinar

5. Los accesorios necesarios:

   — metrónomo
   — la plumilla

6. La escritura musical:

   — pentagrama, notas, compás, tablatura, plumilleo, digitación

7. Los diferentes diagramas y esquemas que vamos a estar usando a lo largo del libro:

   — diagrama del brazo de la guitarra
   — diagrama de escala
   — diagrama de acorde

Da un buen repaso a estos temas, para que al continuar tengas las menos dudas, haz del metrónomo tu mejor compañero y te sugiero en particular que pongas mucha atención, y repases diariamente cómo afinar tu guitarra.

Ejercicios de digitación y coordinación I

Secuencia con 4 notas comenzando con el dedo 1 de la mano izquierda:

⊓ V ⊓ V
1 - 2 - 3 - 4

1 - 2 - 4 - 3

1 - 3 - 2 - 4

1 - 3 - 4 - 2

1 - 4 - 2 - 3

1 - 4 - 3 - 2

Practica estos ejercicios diariamente siempre cuidando:

— el plumilleo (alternado)
— cómo agarrar la plumilla
— la posición de la mano izquierda
— la posición de la mano derecha
— que tus notas suenen claramente
— siempre practicar con metrónomo una nota en cada golpe del metrónomo
— que las notas tengan la duración precisa según el tempo (velocidad del metrónomo)
— comienza en una velocidad de 60 e increméntala gradualmente hasta 108

La melodía en la guitarra I

1. Los elementos de la música:

   — cuáles son los elementos de la música

2. La escala:

   — qué es una escala

3. El tono y el semitono:

   — qué es un tono y un semitono
   — distancia de un tono y un semitono en el brazo de la guitarra

4. Las alteraciones:

   — cuáles son y para qué sirven las alteraciones musicales

5. El cifrado:

   — qué es y qué representa el cifrado

6. Escala cromática:

   — qué es y cómo está formada

7. Enarmonía:

   — qué es la enarmonía

8. La ubicación de las notas sobre el brazo de la guitarra:

   — dónde se encuentran las notas sobre el brazo de la guitarra

9. La melodía:

   — qué es la melodía

10. La escala mayor:

— cómo está formada
— los tetracordes de la escala mayor

11. Cinco formas básicas de escalas mayor sobre el brazo de la guitarra en Do mayor

La melodía en la guitarra I

12. Ejercicios sobre la Forma 1 en Do mayor:

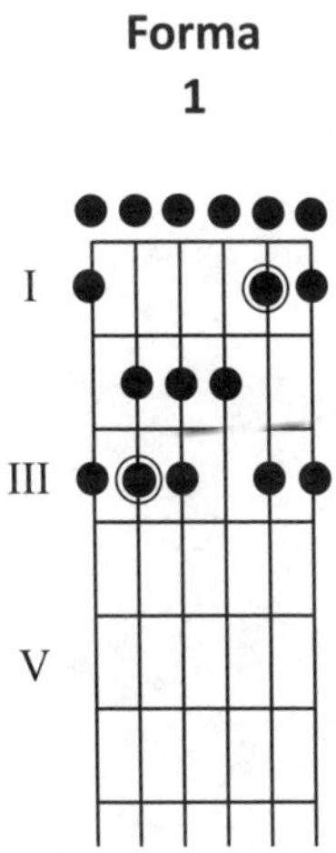

— ejercicio 1 con la forma 1 en Do mayor
— ejercicio 2 con la forma 1 en Do mayor
— ejercicio 3 con la forma 1 en Do mayor
— ejercicio 4 con la forma 1 en Do mayor

Practica estos ejercicios diariamente siempre cuidando:

— el plumilleo (alternado)
— cómo agarrar la plumilla
— la posición de la mano izquierda
— la posición de la mano derecha
— que tus notas suenen claramente
— siempre practicar con metrónomo una nota en cada golpe del metrónomo, por el momento independientemente de cómo esté escrito el ejercicio.
— que las notas tengan la duración precisa según el tempo (velocidad del metrónomo)
— comienza en una velocidad de 60 e increméntala gradualmente hasta 108

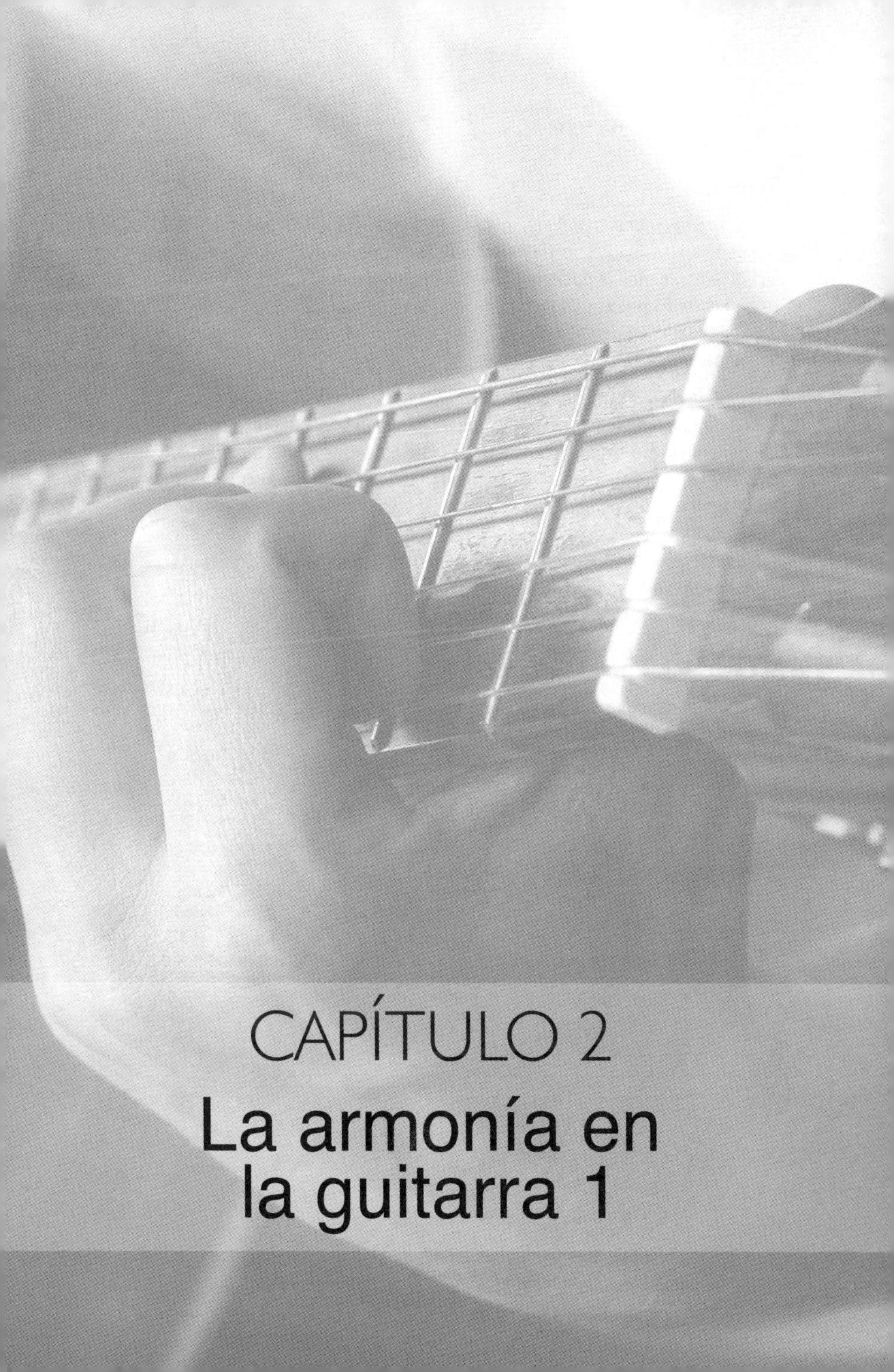

CAPÍTULO 2

La armonía en la guitarra 1

Armonía

La armonía es la parte de la música que estudia la formación y combinación de los acordes. La armonía estudia la percepción del sonido en forma "vertical" o "simultánea" en forma de acordes y la relación que se establece con los de su entorno próximo.

Acorde

Un acorde es la superposición de tres o más sonidos, por terceras. La primer nota de un acorde se llama fundamental (tónica); las demás notas reciben el nombre del intervalo que forman con la fundamental: *tercera, quinta, etcétera.*

Muy bien, para iniciar tu camino en la armonía, veremos inicialmente cómo se forman los acordes o triadas básicas y su relación y aplicación en la guitarra.

En este primer libro solamente estudiaremos los acordes mayores, menores, aumentados y disminuidos.

También algunos acordes con séptima.

Acorde mayor

Un acorde mayor está formado por una tercera mayor y una quinta justa superpuestas, a partir de la fundamental o tónica.

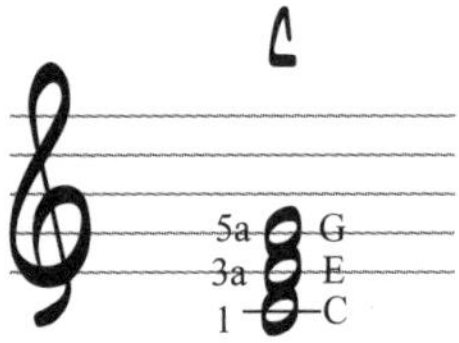

Basándonos en la escala mayor de Do (C) si tomas la tercera (E) y la quinta (G) notas, a partir de la primer nota o tónica (C) formas un acorde mayor.

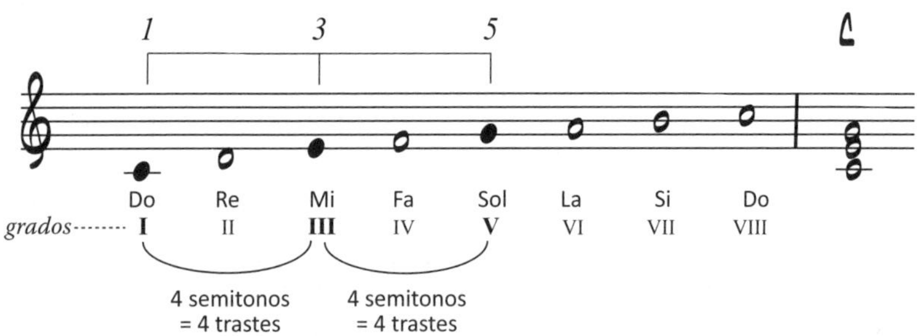

Acorde menor

Un acorde menor está formado por una tercera menor y una quinta justa superpuestas, a partir de la fundamental o tónica. Ejemplo:

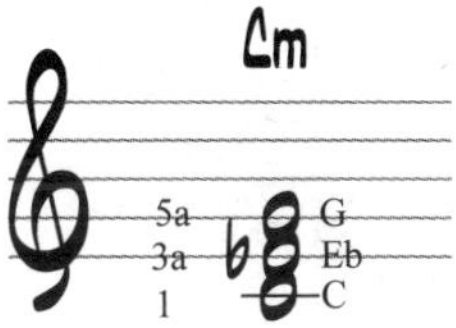

Basándonos en la escala mayor de Do (C) y tomando como tónica a la segunda nota (D); si tomas la tercera (F) y la quinta (A) a partir de esta segunda nota (D) formas un acorde menor. Ejemplo:

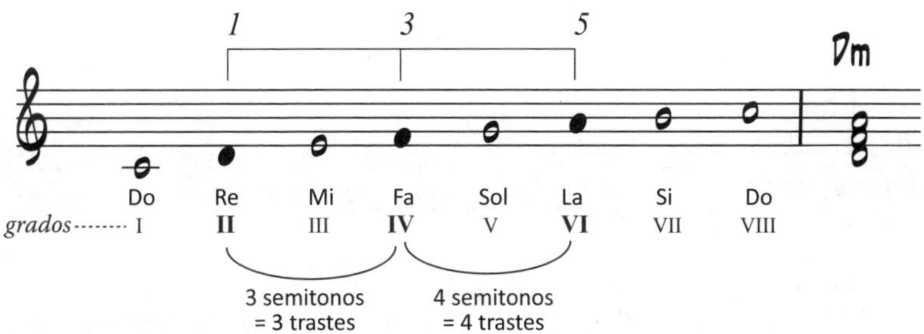

Ve observando las diferencias y la relación entre los dos acordes.

Acorde disminuido

Un acorde disminuido está formado por una tercera menor y una quinta disminuida superpuestas, a partir de la fundamental o tónica. Ejemplo:

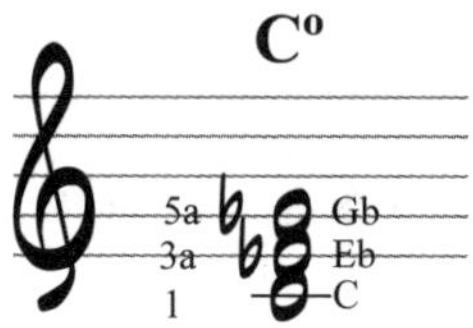

Basándonos en la escala mayor de Do (C) y tomando como tónica a la séptima nota (B); si tomas la tercera (D) y la quinta (F) a partir de esta séptima nota (B) formas un acorde disminuido. Ejemplo:

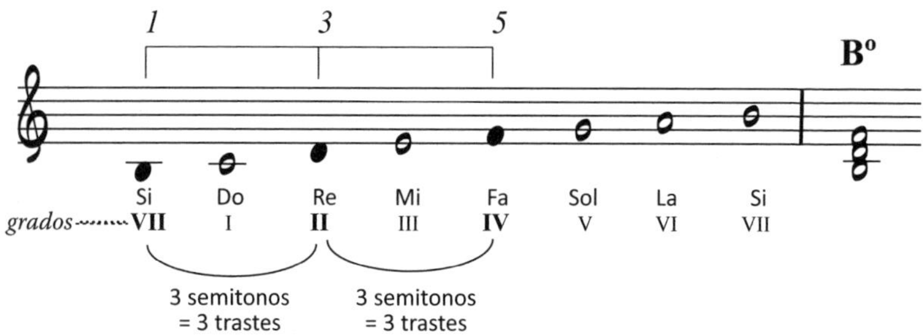

Ve observando las diferencias y la relación entre los dos acordes.

Acordes en posición abierta

Listo, ahora veamos las primeras posiciones de acordes.

Empezaremos por el estudio de los acordes en posición abierta. Se les llama así porque se ubican en los primeros trastes, no usan "cejilla" y ocupan notas al aire.

En primer lugar comienza por memorizar las posiciones, adelante veremos unos sencillos ejercicios.

La X indica que esa cuerda "no" se debe de tocar.

Acordes mayores

C

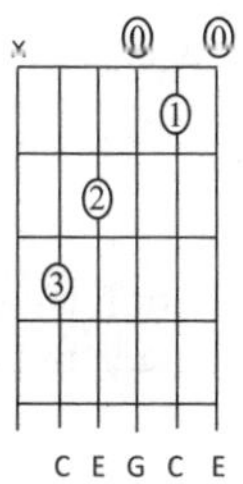

D

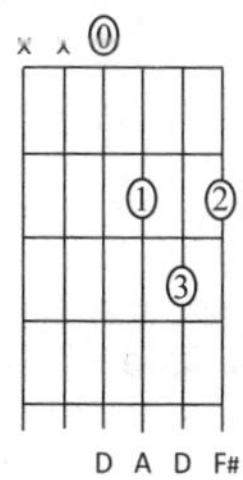

E

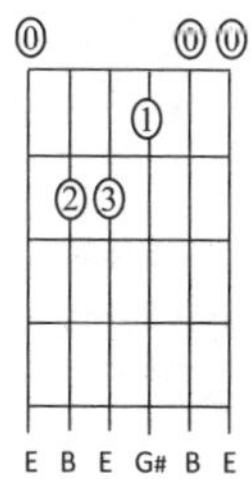

G

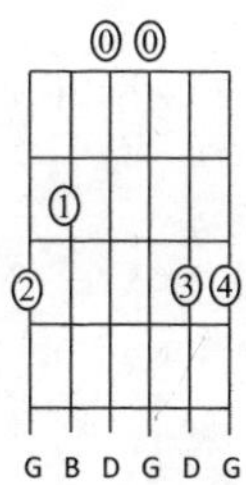

A

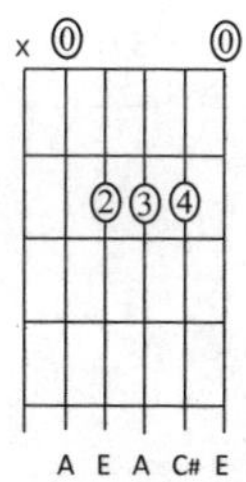

Para alguna duda sobre los diagramas revisa las páginas 23, 24, 25 y 26.

Acordes en posición abierta (continuación)

Acordes menores

Dm

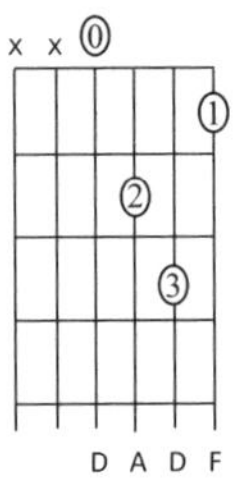

Em

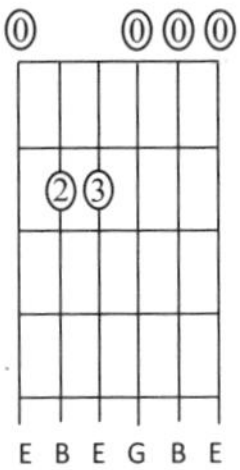

Am

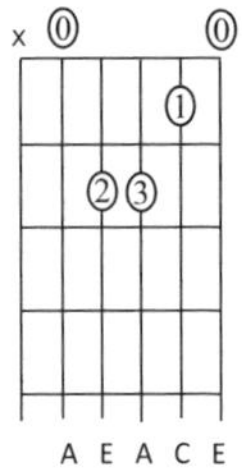

Muy bien, recuerda que debes ver las diferencias y más que nada nota el "color" y siente la diferencia de un acorde mayor a un menor. Cuando nos referimos a un acorde menor, el cifrado (letra) irá acompañada por una "m" minúscula.

Las posiciones de los acordes disminuidos y aumentados los veremos más adelante.

Para alguna duda sobre los diagramas
revisa las páginas de la 23 a la 26.

Ejercicios con diagramas rítmicos

Progresiones de acordes usando acordes en posición abierta

Los siguientes ejercicios presentan solamente acordes en posición abierta.

Los objetivos son: memorizar los acordes en posición abierta, fortalecer y amoldar los acordes a tu mano izquierda, practicar con tu metrónomo.

Ejercicio 1

Progresiones de acordes usando acordes en posición abierta.

En estos ejercicios hay dos acordes por compás. Recuerda dar los plumilleos indicados y hacer las repeticiones, en este caso toca dos veces cada línea.

Practicaremos el compás de 4/4, los tiempos están marcados debajo de la figura rítmica.

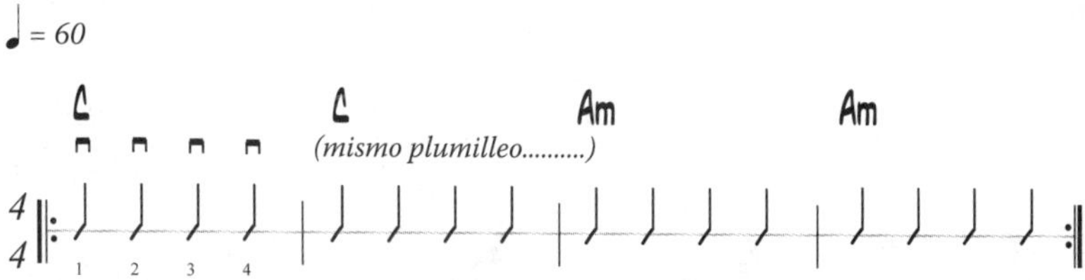

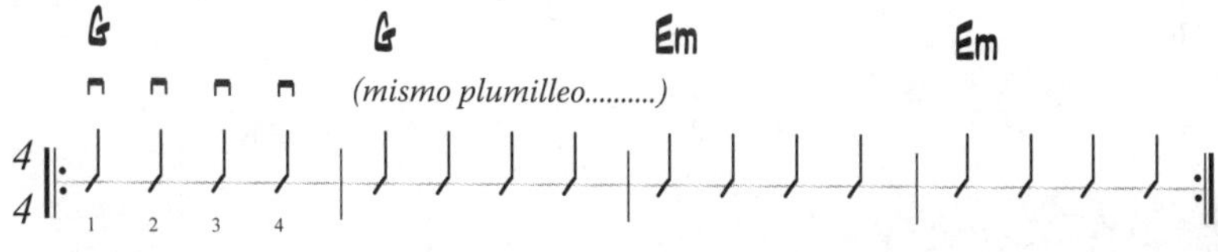

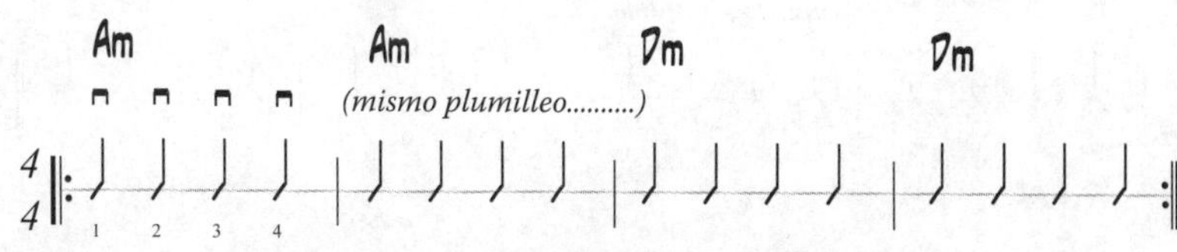

En los diagramas rítmicos solo se muestran las figuras rítmicas y no las notas.

Ejercicio 2

Progresiones de acordes usando acorde en posición abierta.

En estos ejercicios hay dos acordes por compás. Recuerda en dar los plumilleos indicados y hacer las repeticiones, en este caso toca dos veces cada línea.

♩ = 60

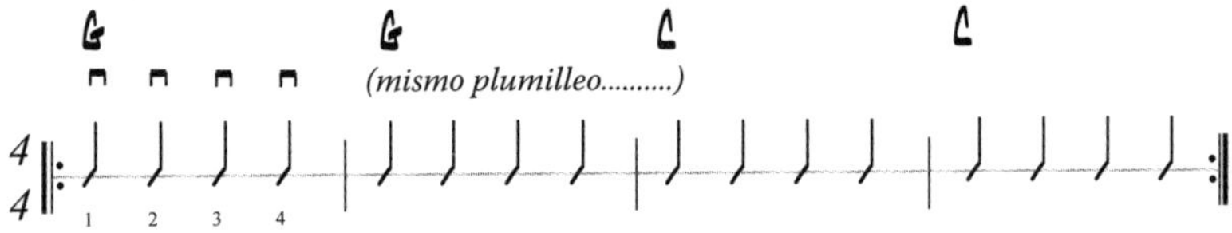

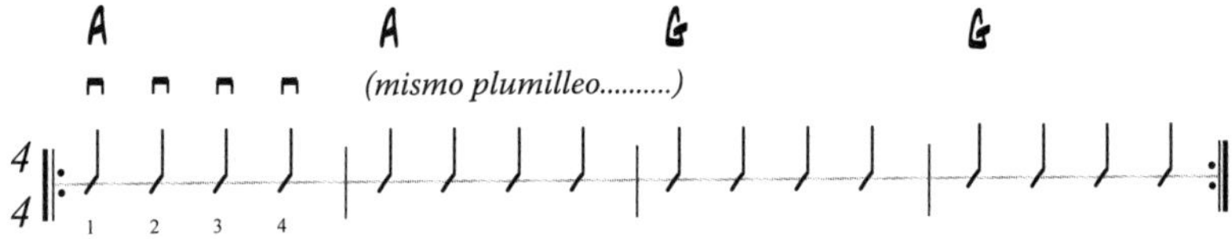

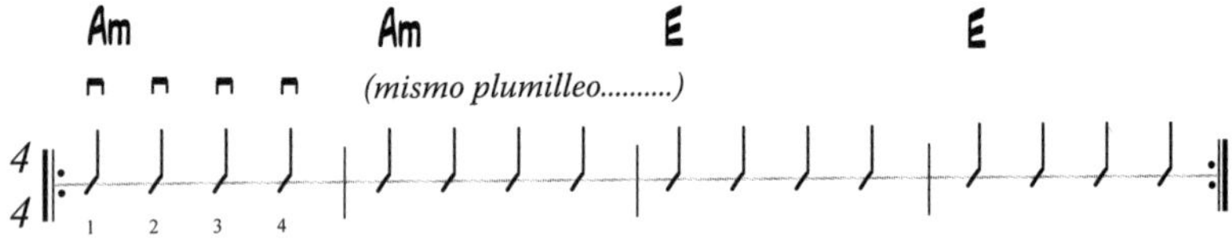

Ejercicio 3

Muy bien, hagámoslo un poco más interesante. El siguiente ejercicio está formado por 12 compases, y usa los acordes de A, D y E. Es lo que se le conoce como una progresión de *rock* o *rock blues* en la tonalidad de La mayor (A).

Más adelante iremos cambiando las figuras rítmicas para darle un carácter diferente.

Por el momento cuida que tus acordes suenen correctamente, que todas las notas del acorde suenen claramente.

"Rock Blues en A"

♩ = 60 → ♩ = 108

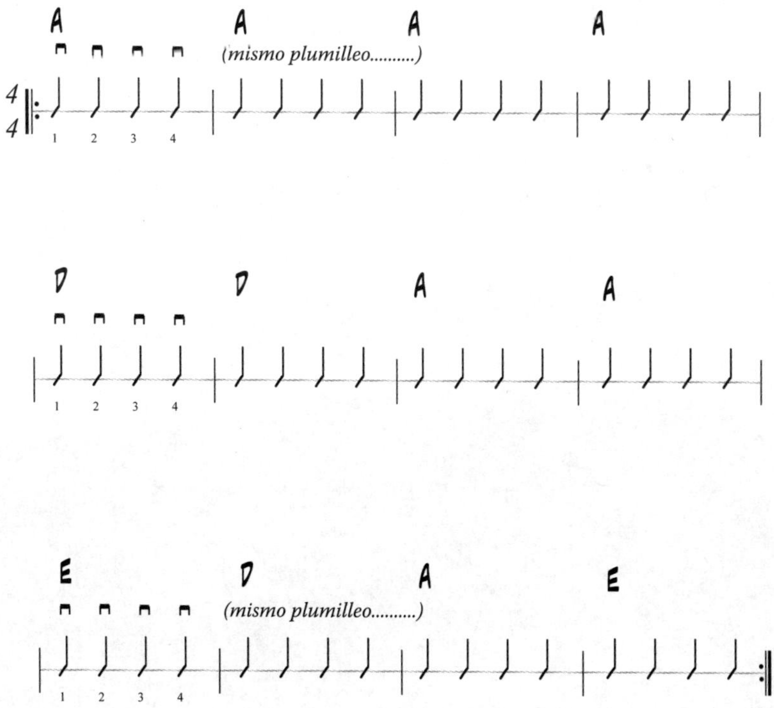

Ejercicio 4

El siguiente ejercicio está formado por 12 compases, y usa los acordes de Am, Dm y Em. Es lo que se le conoce como una progresión de *rock* o *rock blues* pero, en esta ocasión está en el tono de La menor (Am).

Más adelante iremos cambiando las figuras rítmicas para darle un carácter diferente.

Por el momento cuida que tus acordes suenen correctamente, que todas las notas del acorde suenen claramente.

"Rock Blues en Am"

♩ = 60 → ♩ = 76

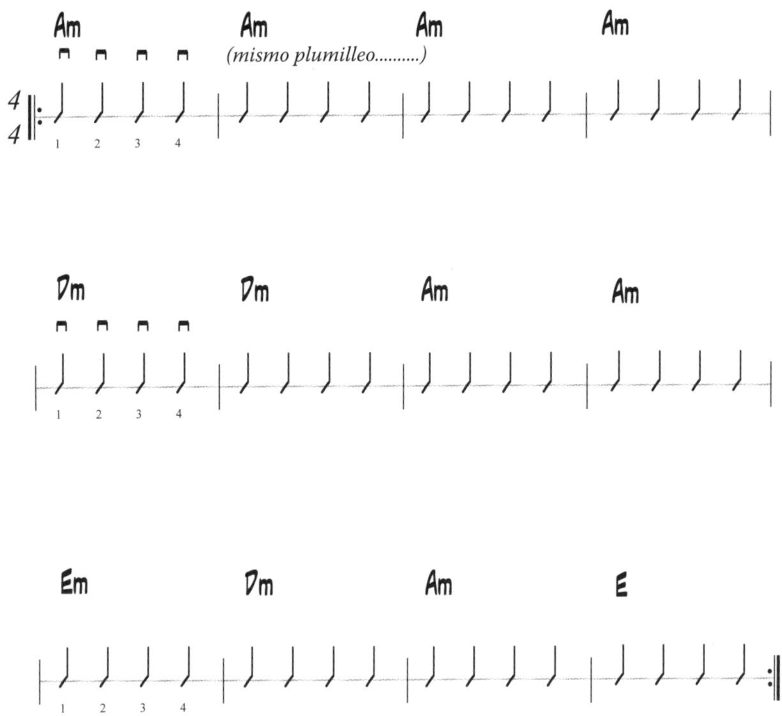

Ejercicio 5

A continuación verás esquemas rítmicos en blanco. Llénalos con las combinaciones de acordes en posición abierta que se te ocurran.

En los ejercicios previos usamos dos acordes por compás, siéntete libre de combinarlos. Puedes tocar un acorde por compás si lo deseas.

Al inicio de cada compás escribe encima el cifrado del acorde que tú decidas, usa los que hasta ahora ya conoces:

A - D - E - G - A y Dm - Em - Am.

Por ahora usa las combinaciones de acordes que se te ocurran, más adelante veremos cómo se estructuran las progresiones diatónicas es decir, progresiones que se forman en base a una escala.

De igual manera coloca barras de repetición en donde tú lo consideres.

Pon mucha atención en dar un plumilleo en cada golpe del metrónomo.

♩ = 60 → ♩ = 76

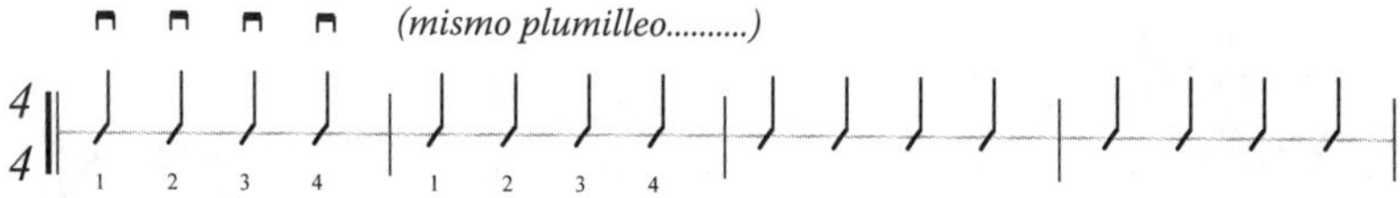

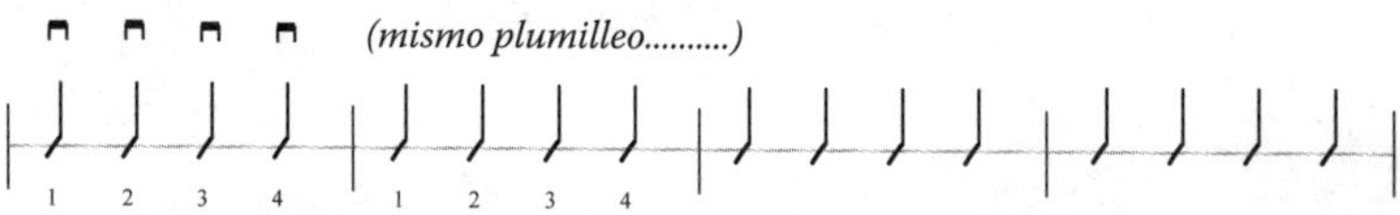

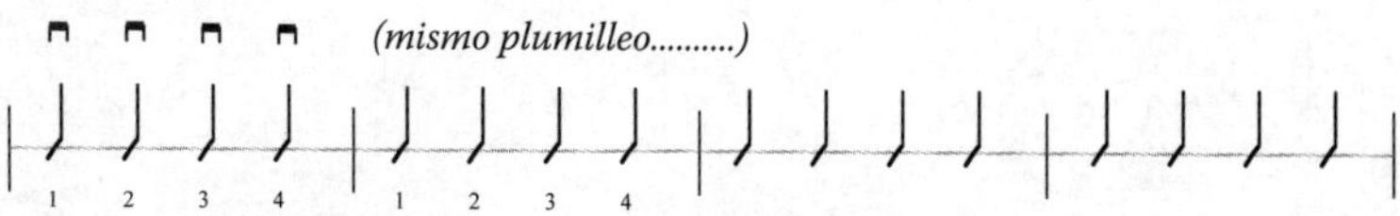

Ejercicio 5 (continuación)

♩ = 60 → ♩ = 76

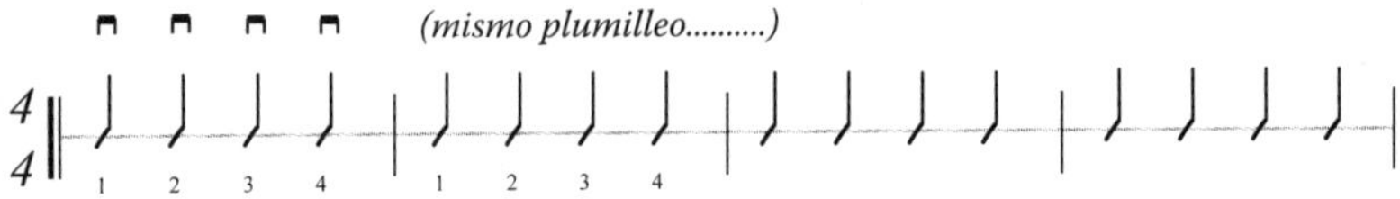

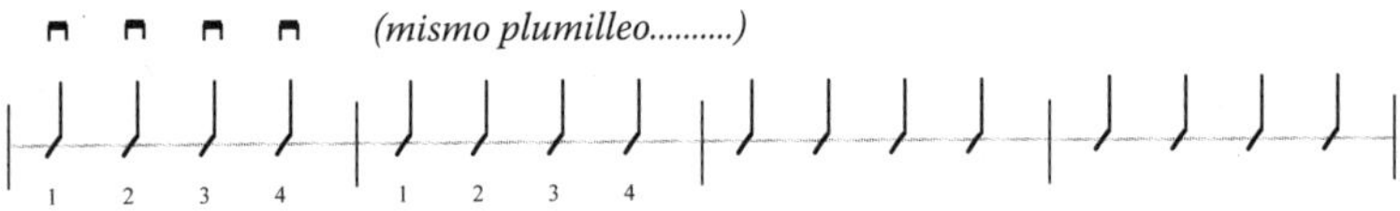

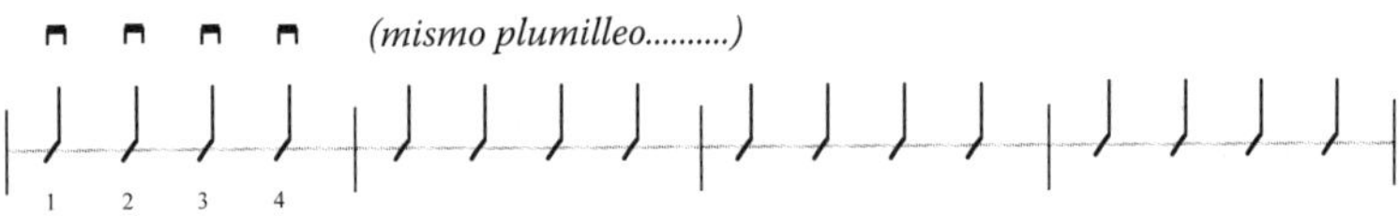

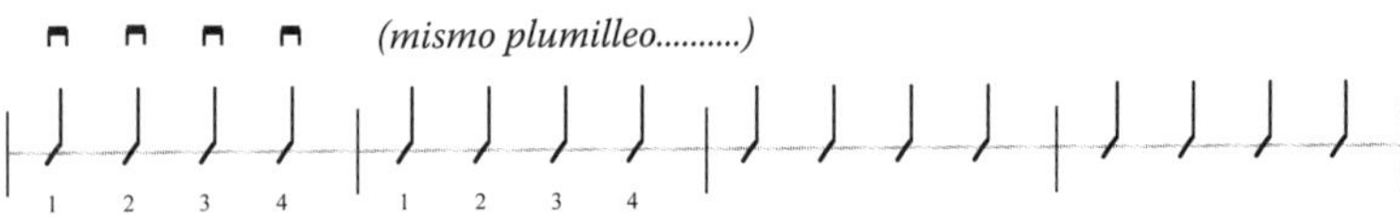

Ejercicios de digitación y coordinación 2

Ejercicios con secuencias de cuatro notas

Bien, ahora continuemos con los ejercicios de digitación y coordinación. En esta sección estudiaremos otras 6 secuencias; en esta ocasión todas comenzarán con el dedo 2 de tu mano izquierda. La técnica es la misma, plumilleo alterno y la velocidad del metrónomo inicial será de 60. Recuerda que vamos a ir incrementando "gradualmente" la velocidad hasta 108.

b) Comenzando con el dedo 2 de la mano izquierda:

♩ = *60* → ♩ = *108*

1.- 2 - 1 - 3 - 4

2.- 2 - 1 - 4 - 3

Recuerda dar los plumilleos correctos y que las notas suenen claramente.

♩ = *60* → ♩ = *108*

3.- **2 - 3 - 1 - 4**

⊓ V ⊓ V *(mismo plumilleo..........)*

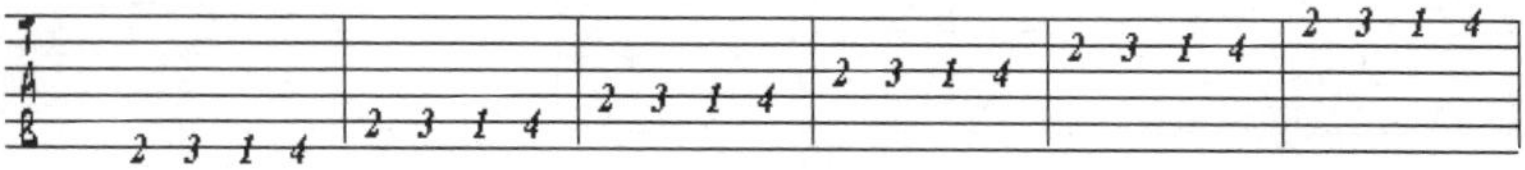

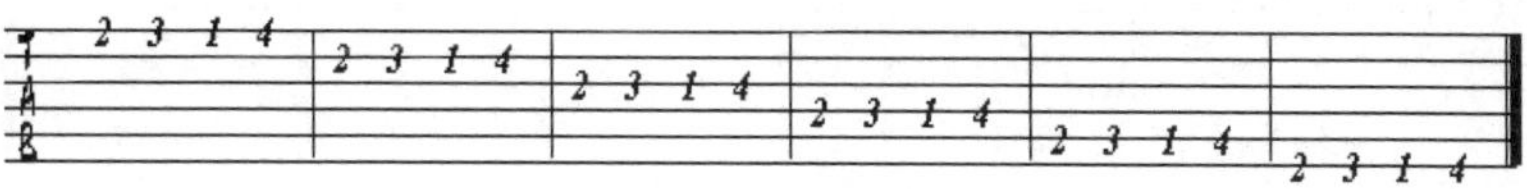

4.- **2 - 3 - 4 - 1**

⊓ V ⊓ V *(mismo plumilleo..........)*

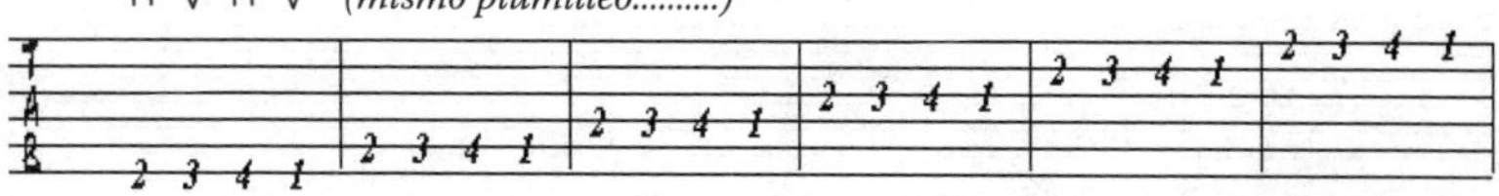

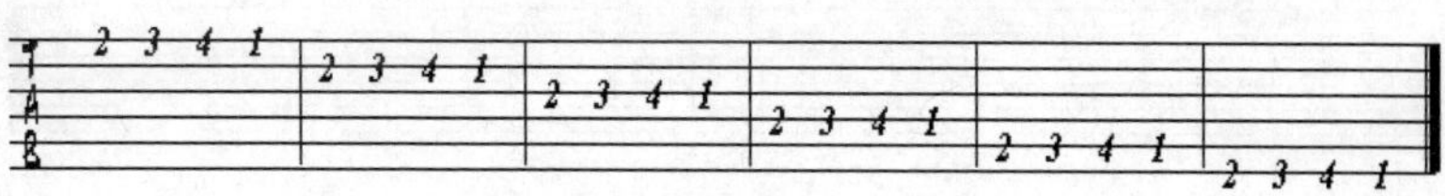

Si alguno de estos ejercicios te cuesta más trabajo que otro, repásalo más veces.

♩ = *60* → ♩ = *108*

5.- 2 - 4 - 1 - 3

⊓ V ⊓ V *(mismo plumilleo..........)*

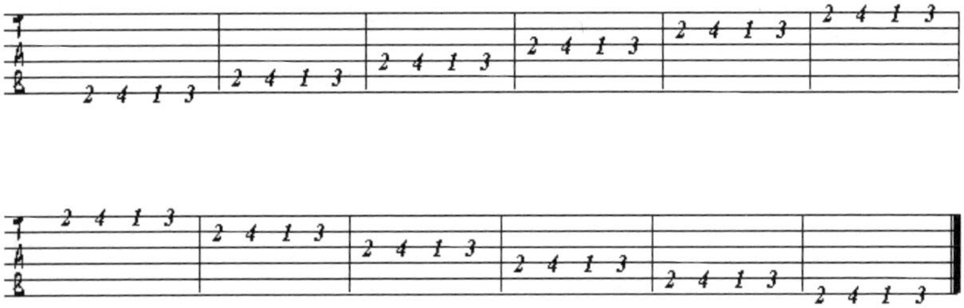

6.- 2 - 4 - 3 - 1

⊓ V ⊓ V *(mismo plumilleo..........)*

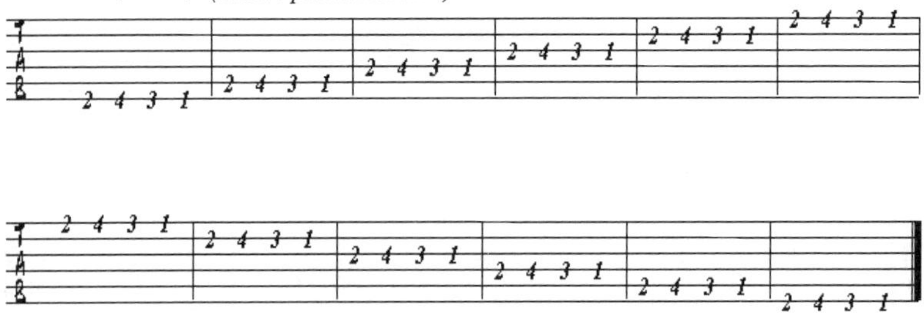

El ritmo en la guitarra 1

Sigamos adelante. Ahora es tiempo de definir lo que es el ritmo y su relación con la guitarra.

Ritmo

El ritmo es el orden y la proporción en que se agrupan los sonidos en el tiempo. El valor o duración de los sonidos reproducidos por una nota (en una melodía) o un acorde (armonía) con nuestra guitarra estará representado por diferentes figuras.

Figuras de las notas

Una figura de nota dura la mitad del valor de la figura inmediata superior, y el doble de la inmediata inferior.

Figura	**Figura de silencio**	**Nombre**	**Nombre tradicional**	**Valor**
𝅝	𝄻	Unidad	Redonda	La unidad equivale a
𝅗𝅥	𝄼	Mitad	Blanca	2 Mitades
♩	𝄽	Cuarto	Negra	4 cuartos
♪	𝄾	Octavo	Corchea	8 Octavos
𝅘𝅥𝅯	𝄿	Dieciseisavo	Semicorchea	16 Dieciseisavos
𝅘𝅥𝅰	𝅀	Treintaidosavo	Triplecorchea	32 Treintaidosavos

En los diagramas rítmicos usaremos el valor de la nota para indicar el valor o duración del acorde.

Para facilitar el entendimiento de las figuras rítmicas, veámoslo de esta forma:

En un compás de 4/4, que es el que más vamos a estar utilizando, la:

Figura	**Nombre**	**Valor en compás de 4/4**
𝅝	Unidad	vale 4 tiempos
𝅗𝅥	Mitad	vale 2 tiempos
♩	Cuarto	1 tiempo
♪	Octavo	1/2 tiempo
𝅘𝅥𝅯	Dieciseisavo	1/4 de tiempo

Ejemplos y ejercicios con esquemas rítmicos usando acordes en posición abierta con figuras rítmicas básicas

Veamos un par de ejemplos que nos muestran la manera en cómo se tocarán los ejercicios.

Toca los ejemplos, en ellos se emplean nuevamente acordes en posición abierta.

Ejemplo 1

En el primer compás tenemos una unidad que dura 4 tiempos tocando el acorde de C, en el segundo hay dos mitades cada Am dura 2 tiempos, en el tercer compás otra unidad, el Em dura 4 tiempos y en el cuarto compás cada G dura 2 tiempos.

♩ = 60 → ♩ = 108

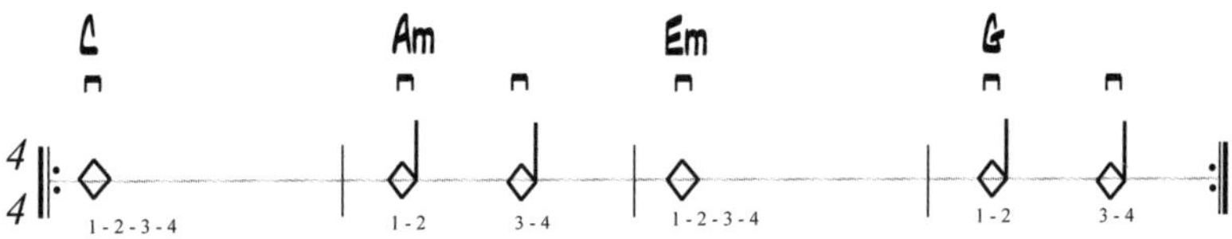

Ejemplo 2

En el primer compás tenemos cuatro cuartos, vamos a tocar el acorde de G, uno en cada tiempo, en el segundo compás tenemos dos mitades tocaremos cada una con el acorde de Em, en el tercer compás hay cuatro cuartos tocando un acorde de C y en el cuarto compás con el D tocaremos dos mitades.

♩ = 60 → ♩ = 108

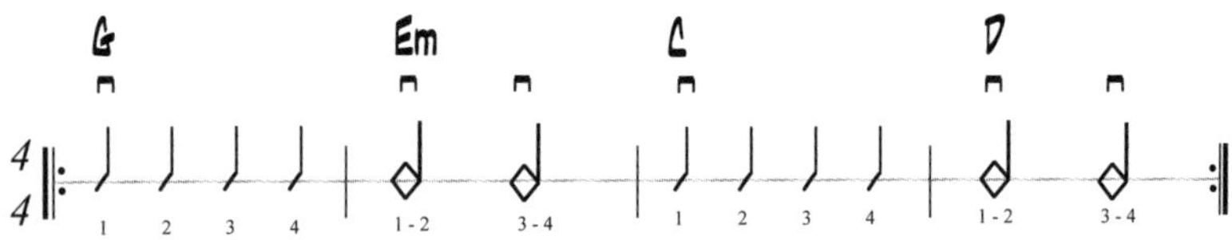

Ejemplo 3

En este ejemplo aparecen los octavos en los compases 2 y 4, en los tiempos 1 y 2, el plumilleo lo haremos alternado (arriba-abajo). Ve llevando la cuenta en voz alta.

♩ = *60* → ♩ = *108*

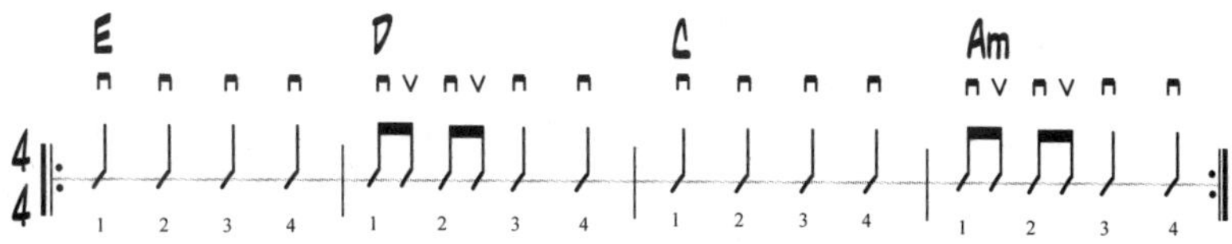

Ejemplo 4

Te sugiero que estudies para comenzar un compás a la vez. Son figuras rítmicas básicas que pueden ser fáciles de memorizar, pero te recomiendo que más que memorizarlas entiendas el valor de cada figura.

♩ = *60* → ♩ = *108*

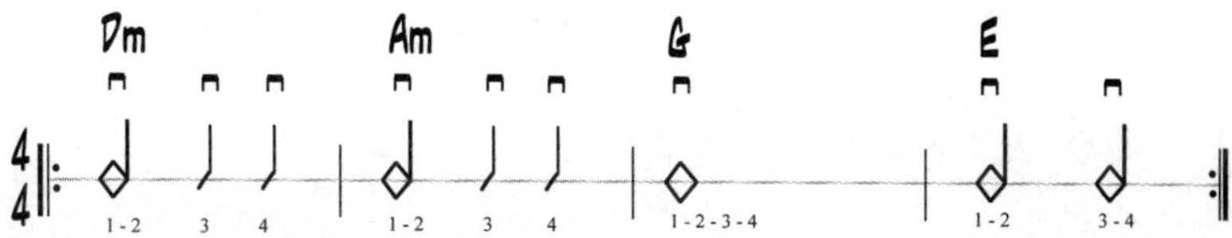

Ejemplo 5

Veamos ahora una serie de ejemplos que incluyen silencios. Recuerda que un silencio va a indicar la interrupción del sonido. Los silencios en el ejemplo se encuentran en el compás 1 en los tiempos 2 y 4.

♩ = 60 → ♩ = 108

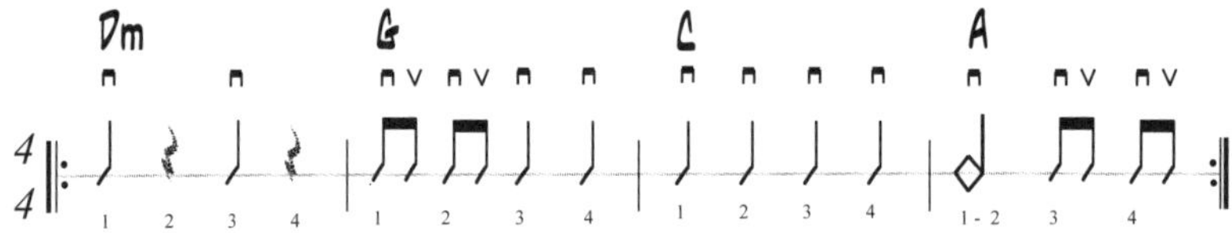

Ejemplo 6

Ve subiendo gradualmente el tempo de tu metrónomo. Lo importante no es llegar a tocar rápido, sino que tu ejecución esté "cuadrada" es decir, que des el valor exacto a cada figura y a tiempo.

♩ = 60 → ♩ = 108

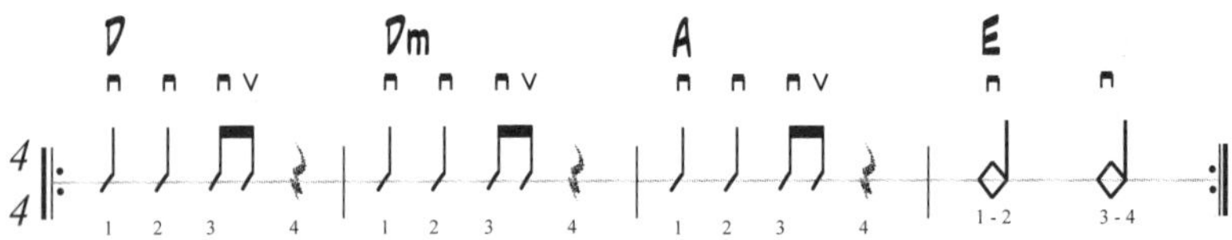

Ejemplo 7

El siguiente ejemplo consta de 8 compases, en él aparecen silencios de octavo, en los compases 1, 2 en el tiempo 4, ve la relación con los plumilleos, en este caso el plumilleo hacia arriba en el segundo octavo del cuarto tiempo no lo darás o sea el plumilleo que va hacia arriba.

También en este ejemplo usamos el mismo acorde en dos compases (C en los compases 1 y 2) y dos acordes en el mismo compás, en el compás 4 están los acordes G y Dm con un valor de mitades cada uno (2 tiempos c/u).

En los compases 5 y 6 también aparecen silencios de octavo en el primer octavo del tiempo 2, observa la indicación del plumilleo; en esta ocasión "no" darás el plumilleo hacia abajo solo el segundo el que va hacia arriba. También tenemos dos acordes en el mismo compás 7 y un silencio de mitad (2 tiempos) en el compás 8.

♩ = 60 → ♩ = 108

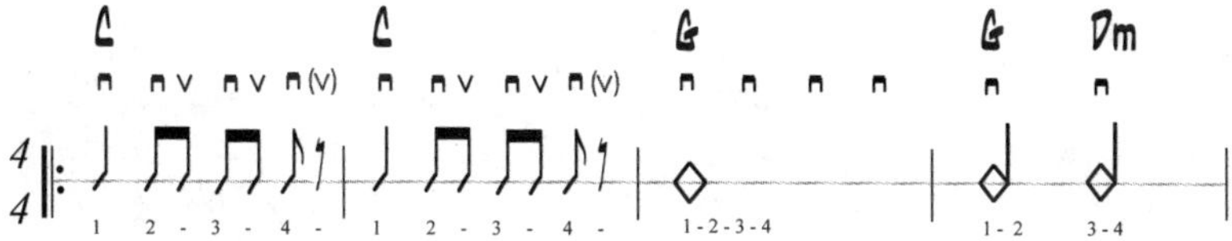

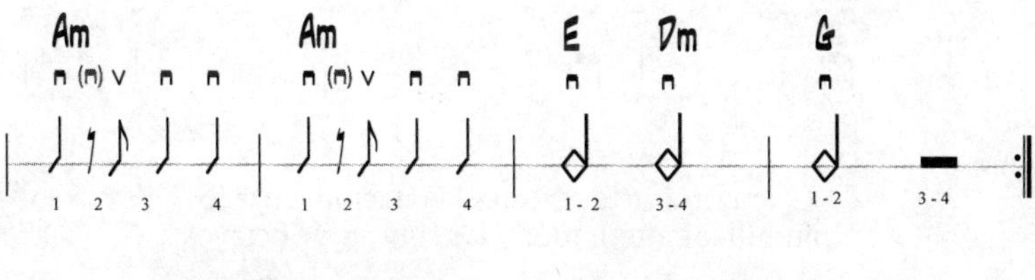

Es importante que notes la relación entre los plumilleos alternados y las figuras de octavos.

Ejemplo 8

Veamos otro ejemplo. En esta ocasión sobre el *Rock Blues en A* que vimos en el capítulo de Armonía en la Guitarra 1 (página 67). Pon atención a los plumilleos, pero lo más importante es que veas la relación entre el plumilleo alterno y los octavos.

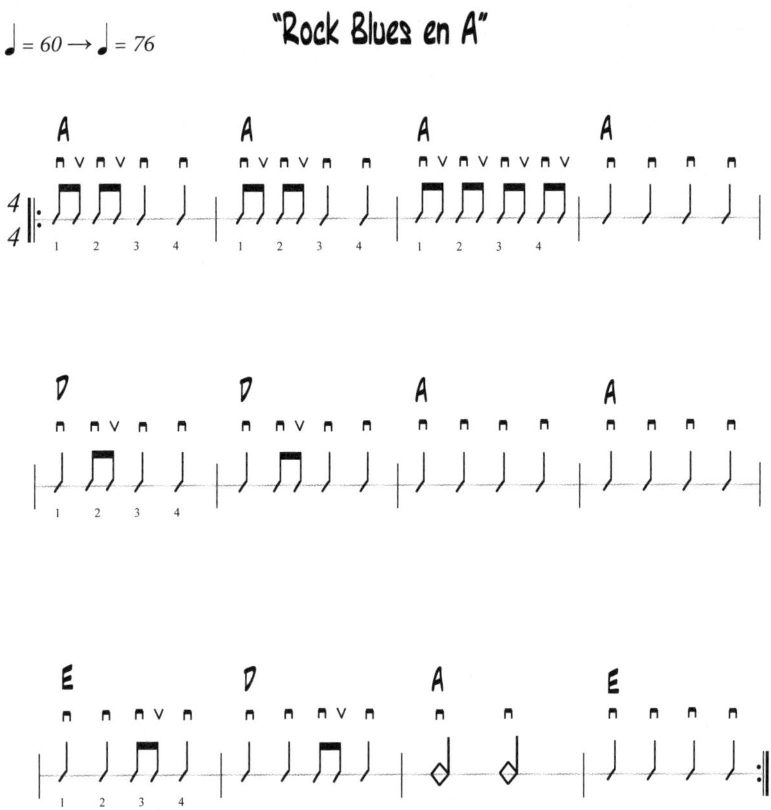

Es importante que notes la relación entre los plumilleos alternados y las figuras de octavos.

Ejemplo 9

En este ejemplo se muestra el *Rock Blues en Am* que vimos en el capítulo de Armonía en la Guitarra 1 (página 68).

Ve llevando la cuenta en voz alta.

♩ = 60 → ♩ = 76

"Rock Blues en Am"

Ejercicio

A continuación verás esquemas rítmicos en blanco. Llénalos con las figuras rítmicas que se te ocurran, recuerda que estamos usando compases de 4/4 solamente, es decir hay 4 tiempos en cada compás.

Encima de cada figura rítmica coloca el acorde que se te ocurra, usa los que hasta ahora ya conoces:

A - D - E - G - A y Dm - Em - Am.

Escribe también el plumilleo y la cuenta.

Por ahora usa las combinaciones de figuras y acordes que se te ocurran, más adelante veremos cómo se estructuran las progresiones diatónicas, es decir, progresiones que se forman en base a una escala.

De igual manera coloca barras de repetición en donde tú lo consideres.

♩ = *60* → ♩ = *76*

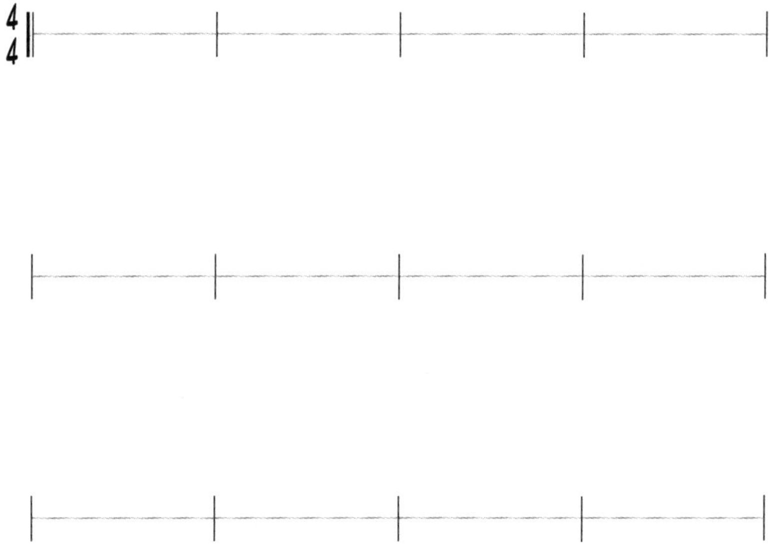

Ejercicio (continuación)

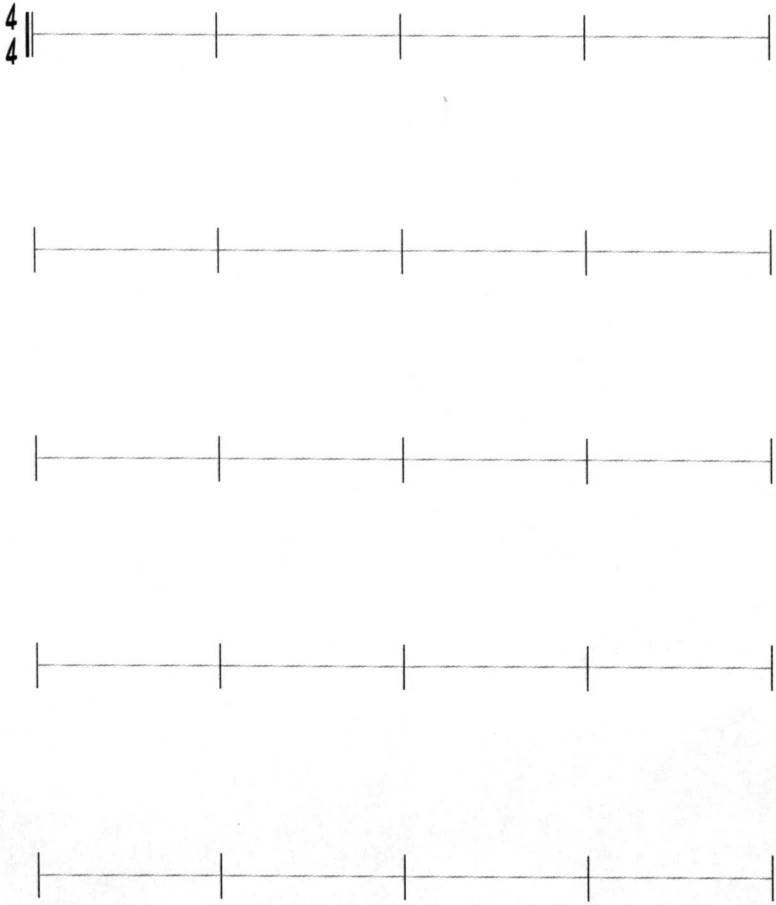

Ejercicio (continuación)

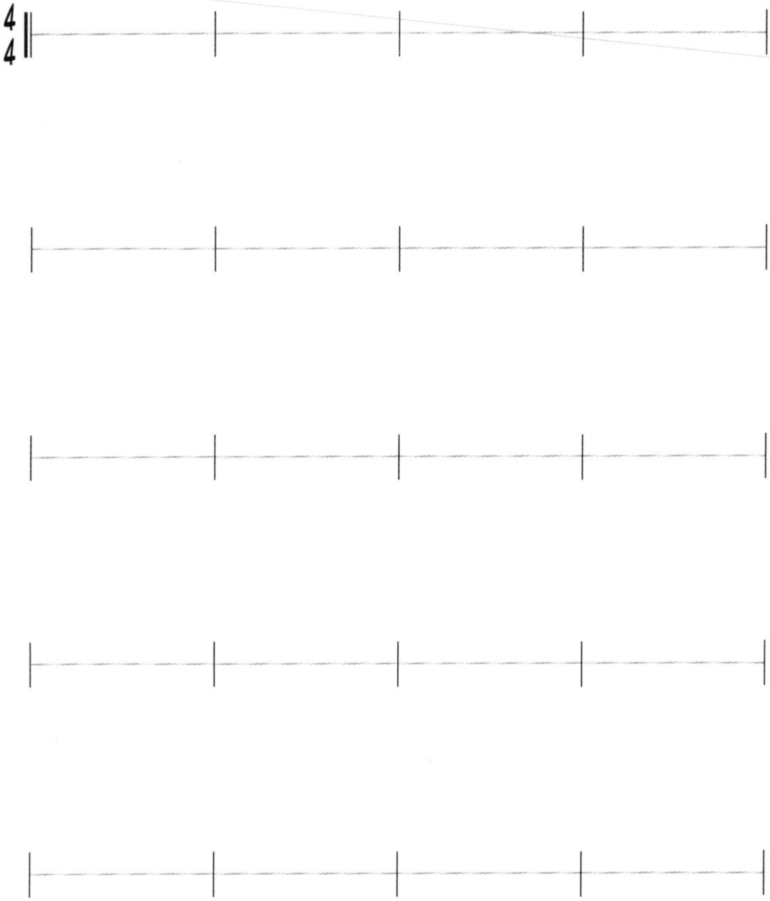

REPASO 3

Hagamos un repaso de los temas más recientes.

La armonía en la guitarra I

1. La armonía:

   — qué es

2. Acorde:

   — qué es

3. Acorde mayor:

   — cómo está formado

4. Acorde menor:

   — cómo está formado

5. Acorde disminuido:

   — cómo está formado

6. Acordes en posición abierta:

   — qué son

7. Acordes mayores

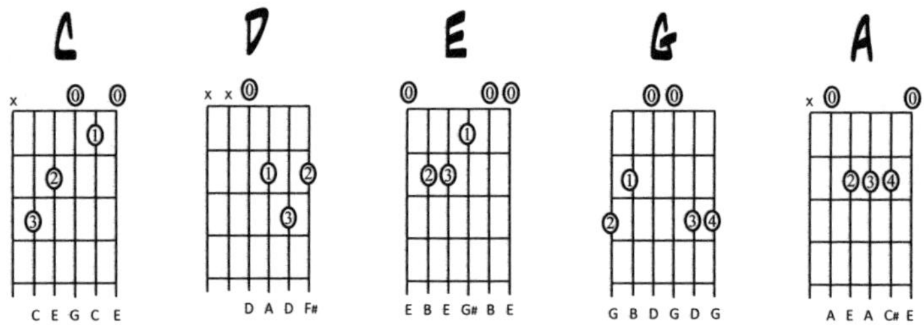

8. Acordes menores

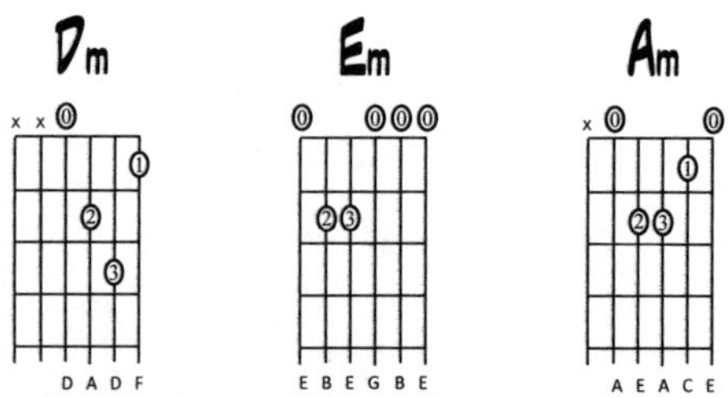

9. Ejercicios con diagramas rítmicos usando los acordes en posición abierta:

   — ejercicio 1
   — ejercicio 2
   — ejercicio 3
   — ejercicio 4
   — ejercicio 5 (hojas en blanco)

Practica estos ejercicios diariamente siempre cuidando:

— el plumilleo (alternado)
— cómo agarrar la plumilla
— la posición de la mano izquierda
— la posición de la mano derecha
— que tus notas suenen claramente
— siempre practicar con metrónomo una nota en cada golpe del metrónomo.
— que las notas tengan la duración precisa según el tempo (velocidad del metrónomo)
— comienza en una velocidad de 60 e increméntala gradualmente hasta 108

Ejercicios de digitación y coordinación 2

Secuencia con 4 notas comenzando con el dedo 2 de la mano izquierda

⊓ V ⊓ V	⊓ V ⊓ V
1 - 2 - 3 - 4	2 - 1 - 3 - 4
1 - 2 - 4 - 3	2 - 1 - 4 - 3
1 - 3 - 2 - 4	2 - 3 - 1 - 4
1 - 3 - 4 - 2	2 - 3 - 4 - 1
1 - 4 - 2 - 3	2 - 4 - 1 - 3
1 - 4 - 3 - 2	2 - 4 - 3 - 1

Practica estos ejercicios diariamente siempre cuidando:

— el plumilleo (alternado)
— cómo agarrar la plumilla
— la posición de la mano izquierda
— la posición de la mano derecha
— que tus notas suenen claramente

- — siempre practicar con metrónomo una nota en cada golpe del metrónomo
- — que las notas tengan la duración precisa según el tempo (velocidad del metrónomo)
- — comienza en una velocidad de 60 e increméntala gradualmente hasta 108
- — practica los dos grupos de series de corrido, los que comienzan con el dedo 1 y los que comienzan con el dedo 2

El ritmo en la guitarra I

1. El ritmo:

    — qué es

2. Figuras de las notas:

    — cuáles son, sus silencios y cómo se llaman

3. Ejemplos y ejercicios:

    — con esquemas rítmicos usando figuras rítmicas básicas, sus silencios y acordes en posición abierta.

Ejercicio y ejemplo 1
Ejercicio y ejemplo 2
Ejercicio y ejemplo 3
Ejercicio y ejemplo 4
Ejercicio y ejemplo 5
Ejercicio y ejemplo 6
Ejercicio y ejemplo 7
Ejercicio y ejemplo 8
Ejercicio y ejemplo 9

Practica estos ejercicios siempre cuidando:

- — el plumilleo (alternado cuando toques octavos)
- — la posición de la mano izquierda
- — la posición de la mano derecha
- — que todas las notas del acorde suenen claramente
- — siempre practicar con metrónomo
- — que los acordes tengan la duración precisa según su figura y el tempo (velocidad del metrónomo)
- — comienza en una velocidad de 60 e increméntala gradualmente hasta 108
- — realiza tus propias combinaciones de acordes y figuras rítmicas en las hojas en blanco

CAPÍTULO 3

La melodía en la guitarra 1

2.ª PARTE

Escala de Do mayor. Forma 2

Bien, en la primera parte de *La melodía en la guitarra* estudiamos la Forma 1 en Do mayor (página 47); en esta segunda parte veremos la Forma 2 en Do mayor. En la primera parte viste la forma en que se escriben los ejercicios, si tienes duda revisa la sección de los diagramas.

Los siguientes ejercicios están hechos para tocarlos en la Forma 2 de la escala mayor de Do:

Forma 2

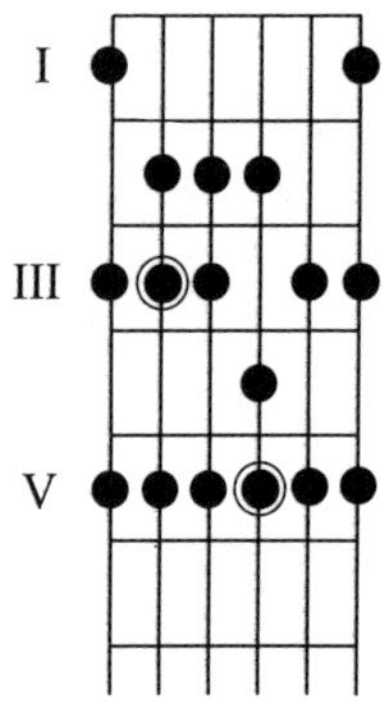

Esta forma abarca 5 trastes, del I al V.
En esta forma usaremos todos los dedos de la mano izquierda.
Las notas que están en el traste I con el dedo 1
Las notas que están en el traste II con el dedo 1
Las notas que están en el traste III con el dedo 2
Las notas que están en el traste IV con el dedo 3
Las notas que están en el traste V con el dedo 4

El rango que abarca esta forma es:

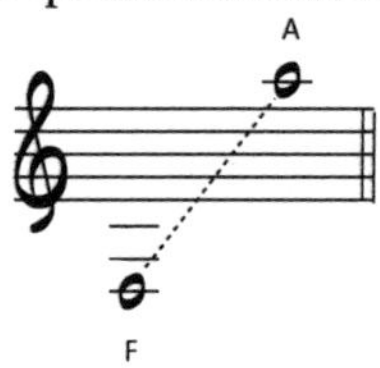

Recuerda que los puntos en negro, son los lugares en donde se encuentran las notas de la escala de Do mayor, y que el punto negro encerrado en un círculo es la "tónica".

En este caso, hay dos "Do" en esta forma; uno está en el traste III de la quinta cuerda y el otro está en el traste V de la tercera cuerda.

Comienza a memorizar cada una de las formas.

Ejercicios sobre la escala de Do mayor. Forma 2

Hagamos sonar la escala.

Para comenzar a memorizar esta forma, tócala de la forma en como está escrita, una y otra vez con plumilleo alternado.

Este ejercicio parte del C del traste III de la 5.ª cuerda, asciende hasta el A del traste V de la 1.ª cuerda, desciende al F del traste I de la 6.ª cuerda y termina en el C inicial.

Comienza a un tempo de 60 y ve incrementando gradualmente el tempo.

Los números encerrados en un círculo indican los dedos de la mano izquierda.

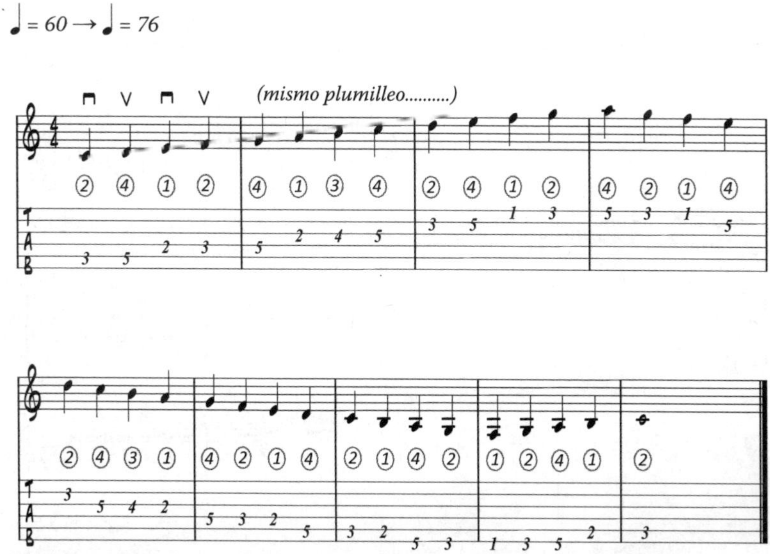

Asegúrate de que todas las notas suenen claras y con buen volumen, que se escuchen con buena presencia y seguras.

Forma 2: Ejercicio 1 en C

En la mano derecha estaremos usando el plumilleo alternado, arriba, abajo, arriba, abajo, etcétera.

Ahora ya conoces las figuras rítmicas, así que de ahora en adelante dales el valor real a cada nota.

Los ejercicios están escritos en octavos, o sea dos notas por cada golpe de tu metrónomo.

Ajusta tu metrónomo. En estos ejercicios no aparece la digitación, cualquier duda revisa **Ejercicios sobre la escala mayor de Do mayor. Forma 2** (página anterior)

Forma 2: Ejercicio 2 en C

Recuerda darles su valor a las figuras rítmicas de ahora en adelante.

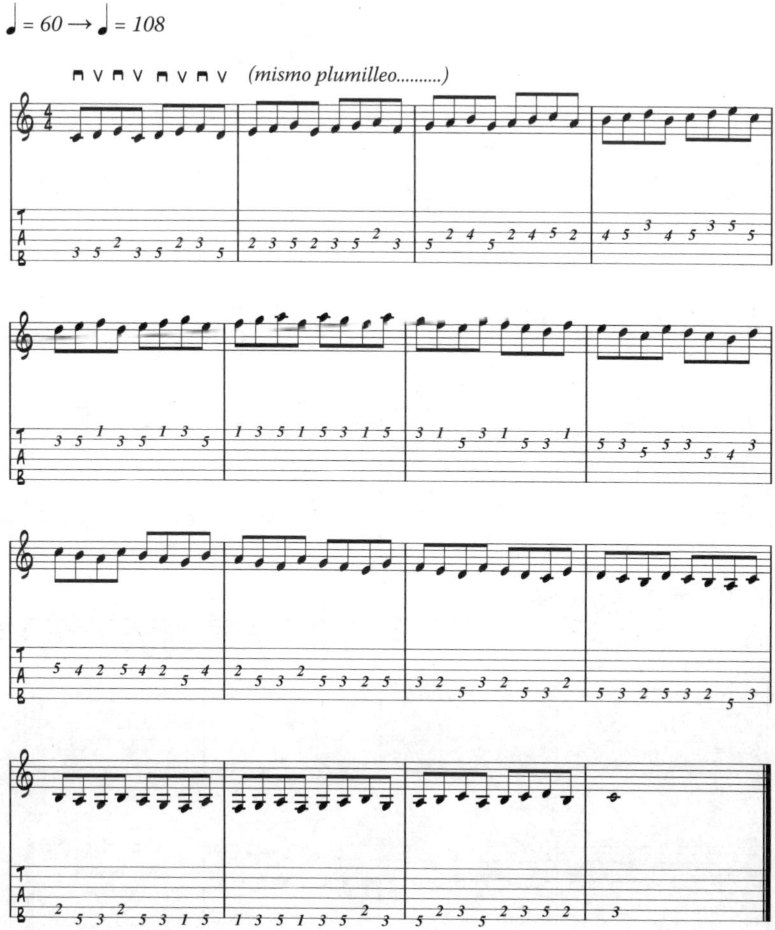

Forma 2: Ejercicio 3 en C

Recuerda darles su valor a las figuras rítmicas de ahora en adelante.

Ajusta tu metrónomo, si te cuesta trabajo tocarlas inicialmenta a 60 baja la velocidad, lo importante es que tus notas suenen y no la velocidad con la que las toques.

♩ = 60 → ♩ = 108

Forma 2: Ejercicio 4 en C

Recuerda darles su valor a las figuras rítmicas de ahora en adelante.

♩ = *60* → ♩ = *108*

La armonía en la guitarra 2

Acordes transportables

Muy bien. Para poder continuar con este capítulo, necesitas tener bien claro algunos importantes temas:

1. Tónica: es la nota que le da el nombre a la escala o al acorde
2. La ubicación de las notas en el brazo de la guitarra
3. Acordes en posición abierta (mayores y menores)

Estos puntos son de suma importancia para poder entender el concepto de transportable.

En cuanto a la ubicación de las notas en el brazo de la guitarra, por el momento no es necesario que ya tengas de memoria en dónde se encuentran todas las notas en el brazo, pero sí que por lo menos tengas localizadas las notas de los puntos de referencia y muy en especial en las cuerdas 4, 5 y 6 (ver el diagrama de la siguiente página).

Transportable

Una de las "ventajas", por llamarlo de alguna manera, que ofrece la guitarra debido a su estructura, es que tanto una posición de un acorde sin importar de qué tipo sea (mayor, menor, disminuido, con séptima, etc.) como una forma de escala pueden ser transportadas a alguna otra tónica.

Es decir, una posición de un acorde de E (Mi mayor) si la movemos hacia otros trastes, la misma posición que antes era de E ahora tendra otra tónica dependiendo del lugar en que la ubiquemos. Igual una forma de escala por ejemplo en lugar de partir en el Do del III traste de la 5.ª cuerda, en la Forma 2 si esta misma forma la empezamos a partir del traste V de la misma 5.ª cuerda la escala ahora sería de Re mayor.

Todo esto se explicará adelante; por lo pronto da un buen repaso a los capítulos anteriores y estudia el diagrama siguiente.

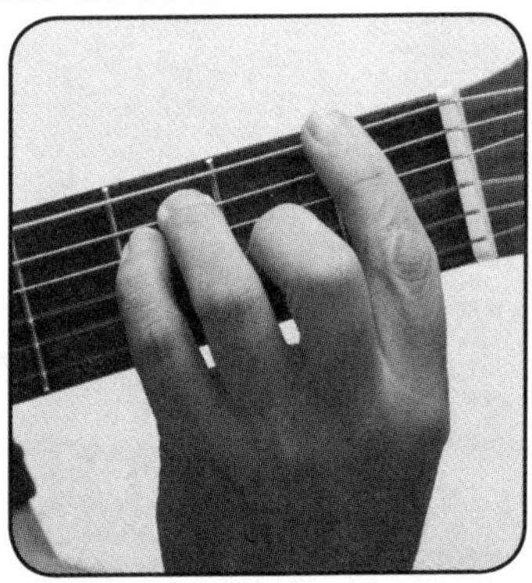

Cejilla

La cejilla es una técnica para formar acordes pisando con un dedo (que generalmente es el dedo índice de la mano izquierda) varias cuerdas adyacentes. Esto te va a permitir construir acordes sobre cualquier traste.

Para alguna aclaración sobre los diagramas revisa la página 26.

Notas en los puntos de referencia

(Cuerdas 6 - 5 - 4)

Ejercicio

Memoriza las notas en los puntos de referencia de las cuerdas 6 - 5 - 4.

Teniendo bien localizadas estas notas será más sencillo que ubiques una Forma de escala o una posición de acorde.

También teniendo localizadas las notas naturales será más sencillo localizar los enarmónicos.

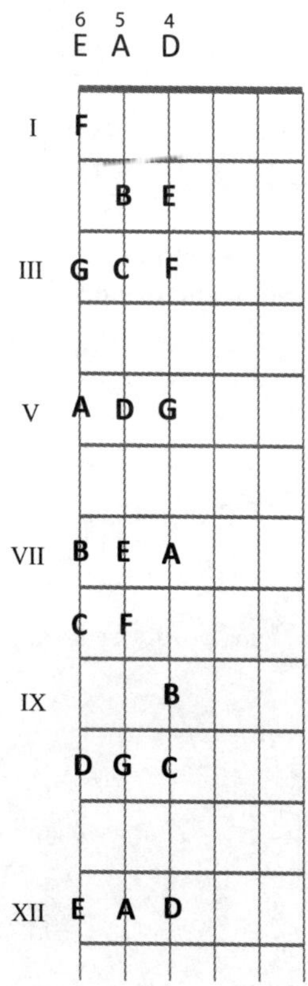

Acordes transportables

Esto es sencillo, usaremos tres posiciones básicas de acorde tanto para acorde mayor como para acorde menor. No las nombraremos o enumeraremos, lo importante es recordar en dónde está la tónica en cada posición.

Pero para irnos familiarizando con ellas, solamente al inicio lo haremos. La primer posición será posición en E, la segunda será posición en A y la tercera será posición en C.

1. Le vamos a llamar posición en E porque se toma como referencia la posición abierta de E tanto mayor como menor.

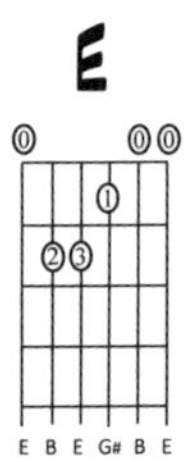

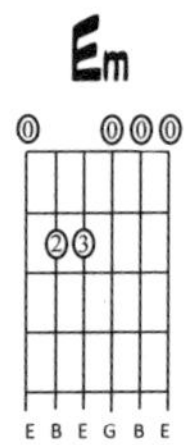

2. Le vamos a llamar posición en A porque se toma como referencia la posición abierta de A tanto mayor como menor.

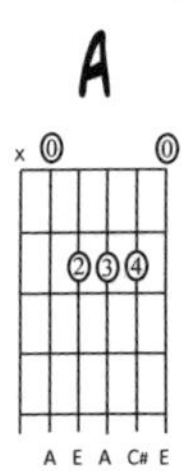

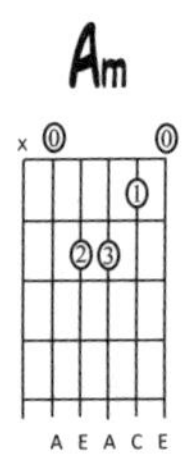

3. Le vamos a llamar posición en C porque se toma como referencia la posición abierta de C mayor.

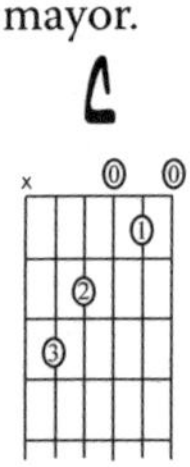

Posición de E mayor y menor

Esta posición tiene su tónica en las cuerdas 6.ª, 4.ª y 1.ª. Y le vamos a llamar posición en E porque es la misma posición que E en posición abierta pero "transportada".

El nombre del acorde dependerá de dónde se ubique la tónica. Ejemplo:

— si la tónica en la 6.ª cuerda está en el traste III será Sol mayor o menor
— si la tónica en la 6.ª cuerda está en el traste V será La mayor o menor

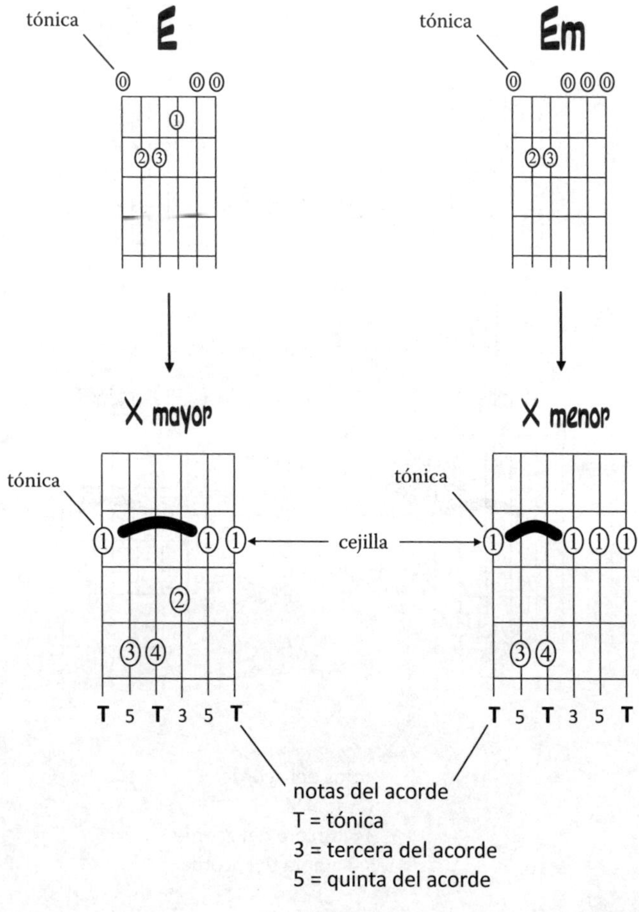

Posición de A. Mayor y menor

Esta posición tiene su tónica en las cuerdas 5.ª y 3.ª. Le vamos a llamar posición en A porque es la misma posición que A en posición abierta pero "transportada".

El nombre del acorde dependerá de dónde se ubique la tónica. Ejemplo:

— si la tónica en la 5.ª cuerda está en el traste III será C mayor o menor
— si la tónica en la 5.ª cuerda está en el traste V será D mayor o menor

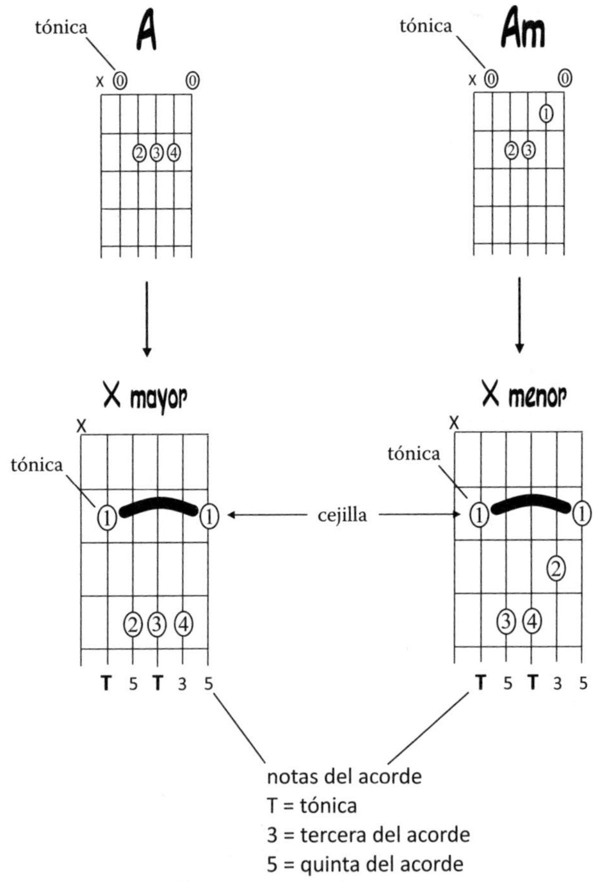

Posición de C. Mayor y menor

Esta posición tiene su tónica en las cuerdas 5.ª y 3.ª. Le vamos a llamar posición en C porque es la misma posición que C en posición abierta pero "transportada".

El nombre del acorde dependerá de dónde se ubique la tónica. Ejemplo:

— si la tónica en la 5.ª cuerda está en el traste V será D mayor o menor
— si la tónica en la 5.ª cuerda está en el traste VII será E mayor o menor

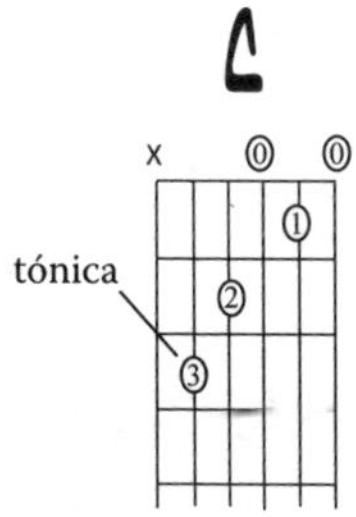

La posición en menor se deducirá más adelante

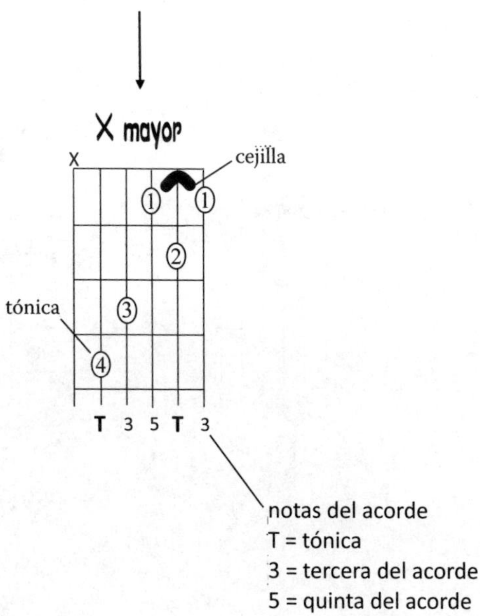

Ejemplos de acordes transportables.

Mayores con la tónica en la 6.ª cuerda

La misma posición solamente ubicada en diferente altura del brazo (traste).

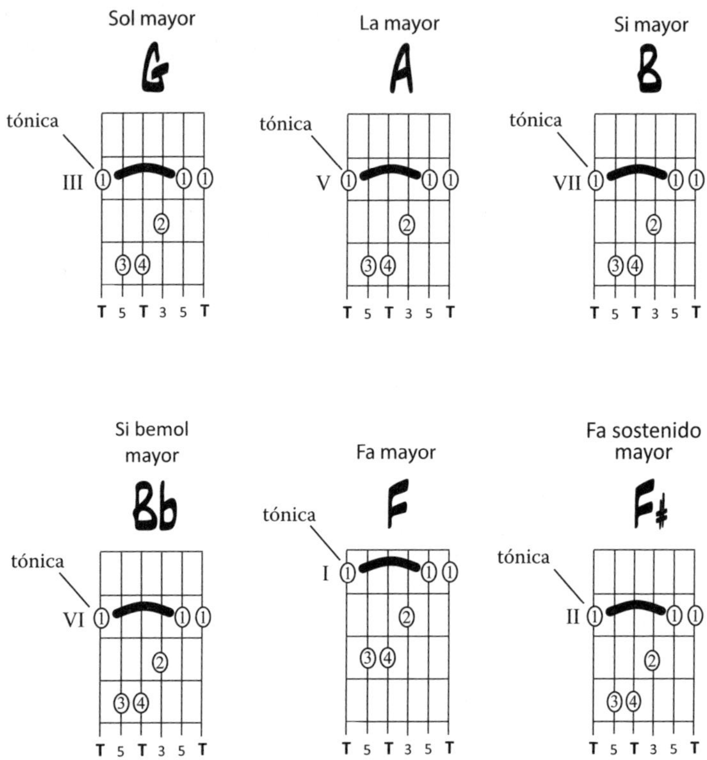

Menores con la tónica en la 6.ª cuerda

La misma posición solamente ubicada en diferente altura del brazo (traste).

Sol menor

Gm

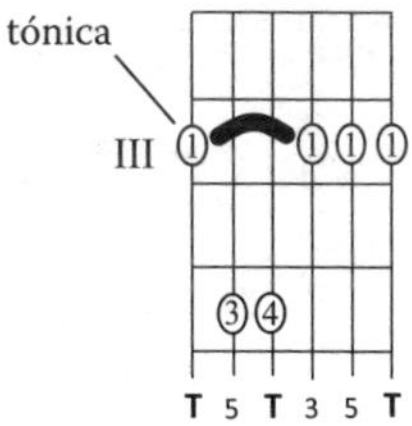

La menor

Am

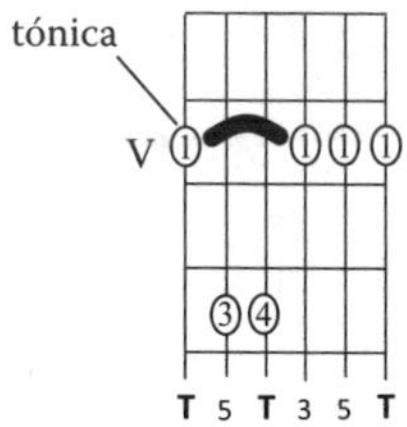

Si menor

Bm

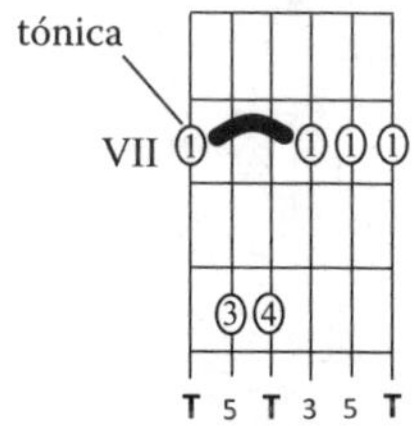

Si bemol menor

B♭m

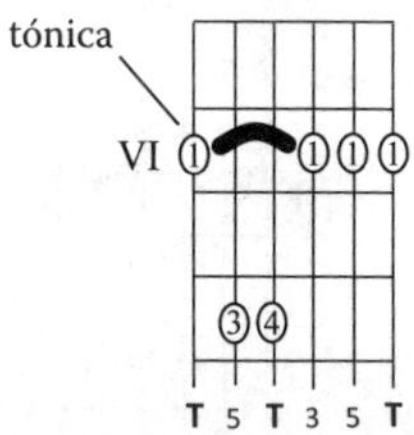

Fa menor

Fm

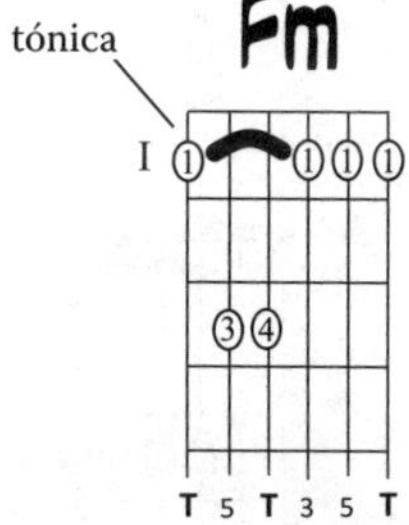

Fa sostenido menor

F♯m

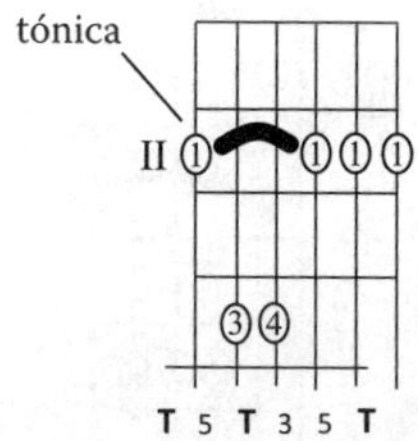

Mayores con la tónica en la 5.ª cuerda

La misma posición solamente ubicada en diferente altura del brazo (traste).

Do mayor

C

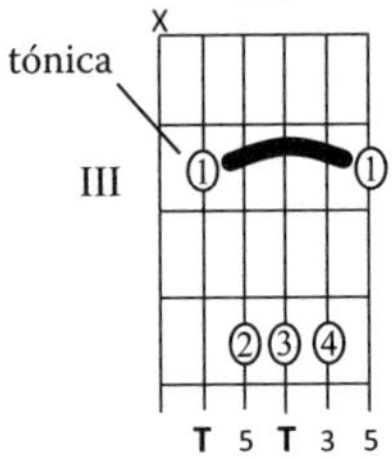

Re mayor

D

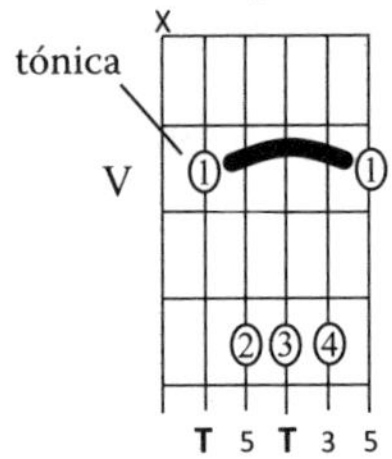

Mi mayor

E

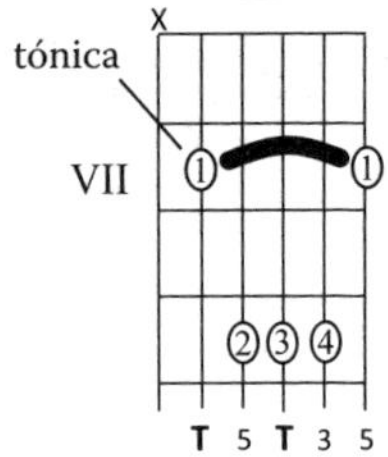

Mi bemol mayor

Eb

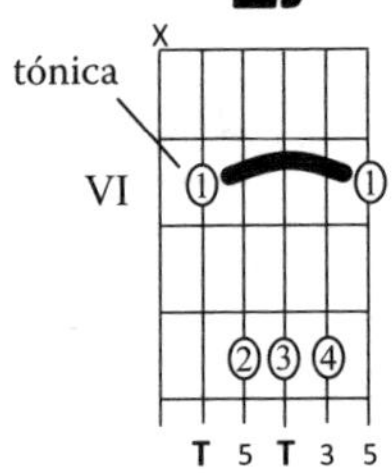

Do sostenido mayor

C#

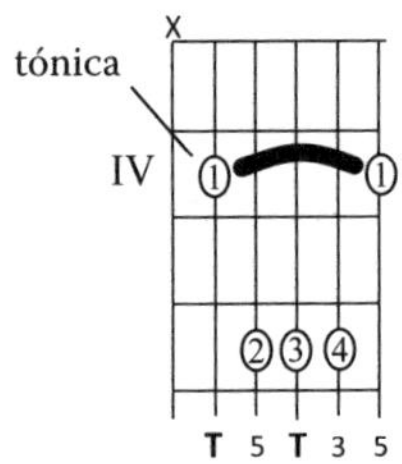

Si mayor

B

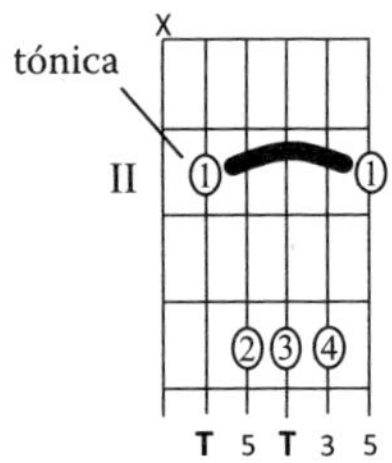

Memoriza las digitaciones de todos los acordes transportables.

Menores con la tónica en la 5.ª cuerda

La misma posición solamente ubicada en diferente altura del brazo (traste).

Do menor

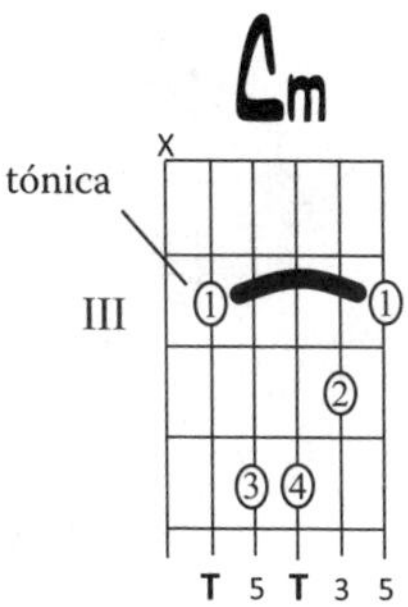

Re menor

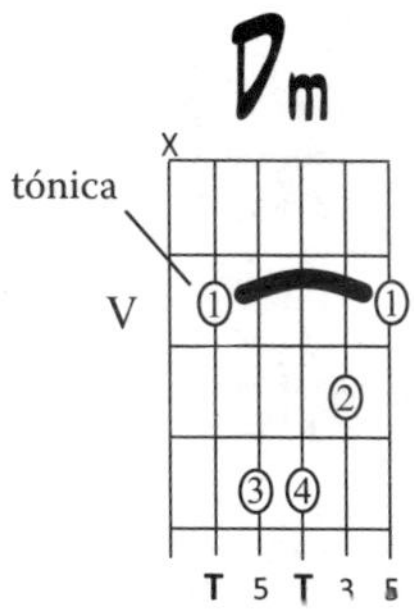

Mi menor

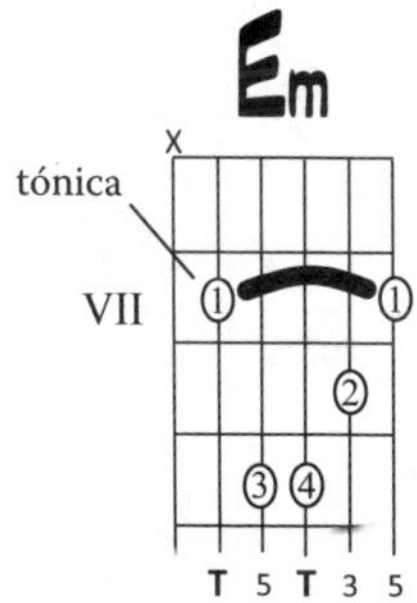

Mi bemol menor

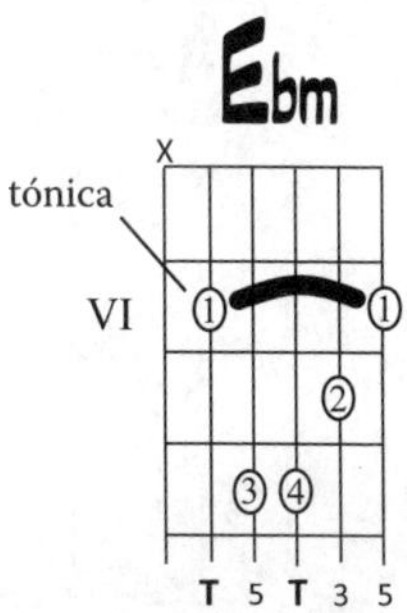

Do sostenido menor

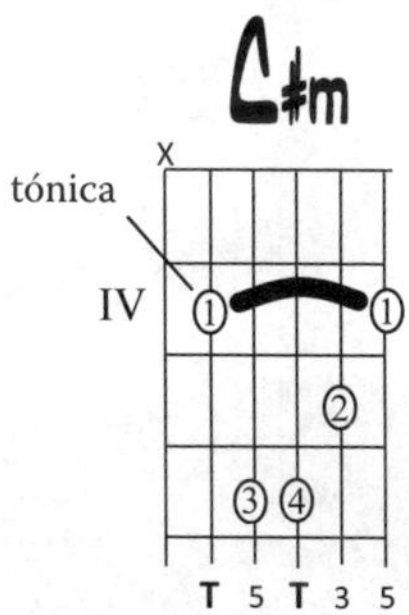

Si menor

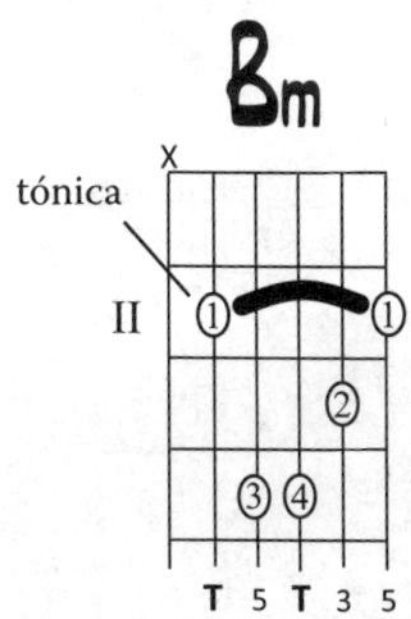

Memoriza las digitaciones de todos los acordes transportables.

Mayores con la tónica en la 5.ª cuerda

La misma posición solamente ubicada en diferente altura del brazo (traste).

Re mayor

D

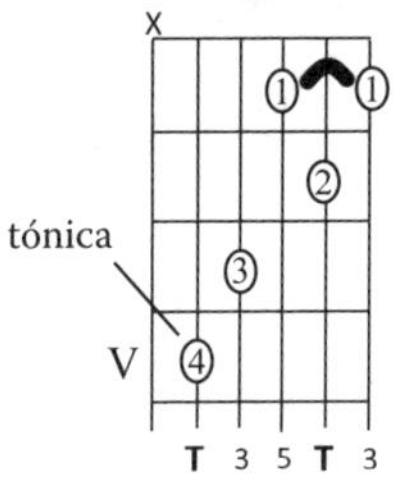

Mi mayor

E

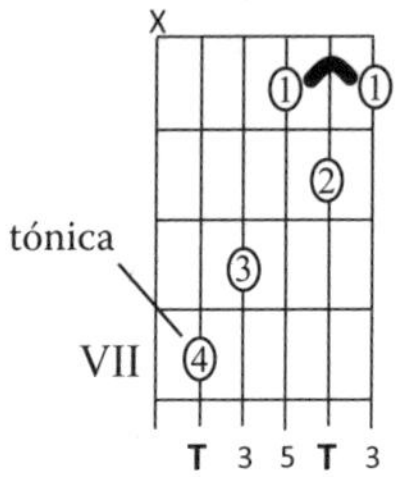

Fa mayor

F

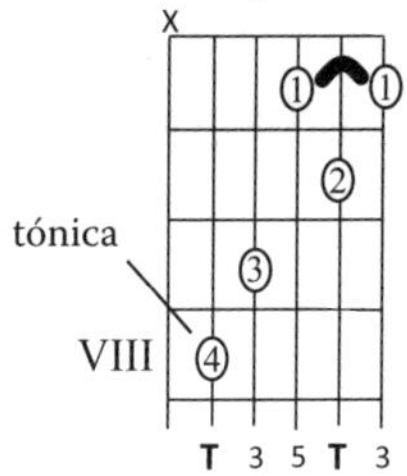

Mi bemol mayor

E♭

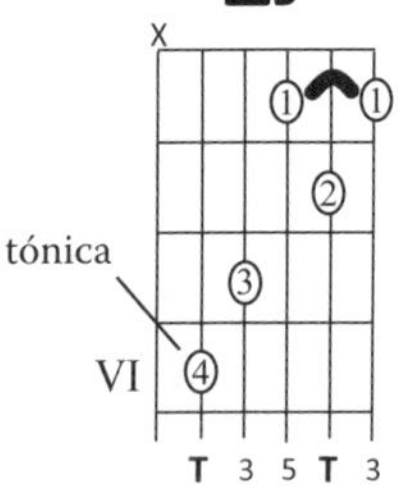

Re sostenido mayor

D♯

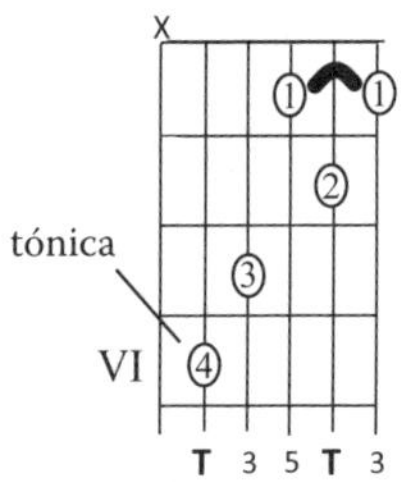

Do sostenido mayor

C♯

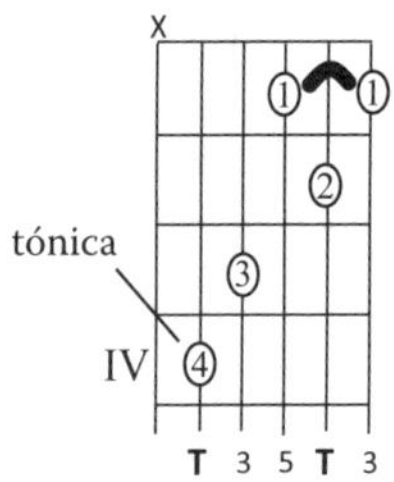

Memoriza las digitaciones de todos los acordes transportables.

Ejercicios con diagramas rítmicos con acordes transportables:

Ejercicio 1:

Rock Blues en Bb (Si bemol)

Bien, comencemos a practicar los acordes transportables. En este ejercicio vamos a utilizar 3 acordes transportables; Bb (I grado), Eb (IV grado) y F (V grado). Todos con cejilla. Escogí para comenzar este ejercicio ya que estos acordes se ubican en una altura media del brazo de la guitarra y es un buen punto para comenzar a practicar las cejillas.

"Rock Blues en Bb"

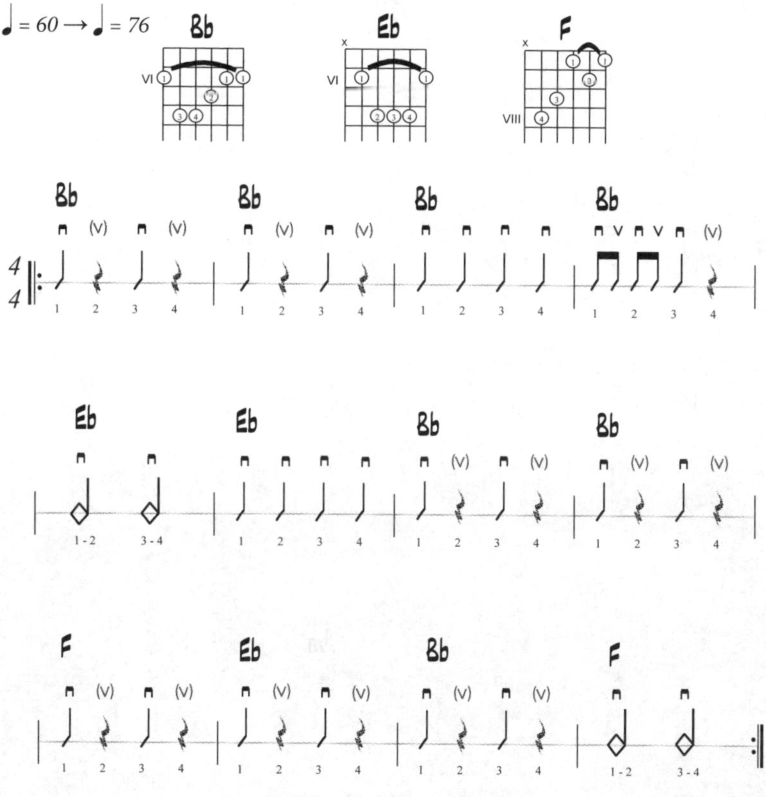

Ejercicio 2:

Rock Blues en Am (La menor)

En este ejercicio utilizaremos 3 acordes transportables; Am (I grado), Dm (IV grado) y E (V grado). Todos con cejilla. Estos acordes se ubican en una altura media del brazo de la guitarra y es un buen punto para comenzar a practicar las cejillas. Ten paciencia al practicar estas posiciones nuevas, al principio siempre es un poco difícil hacerlos sonar, es normal no te desesperes.

"Rock Blues en Am"

♩ = 60 → ♩ = 76

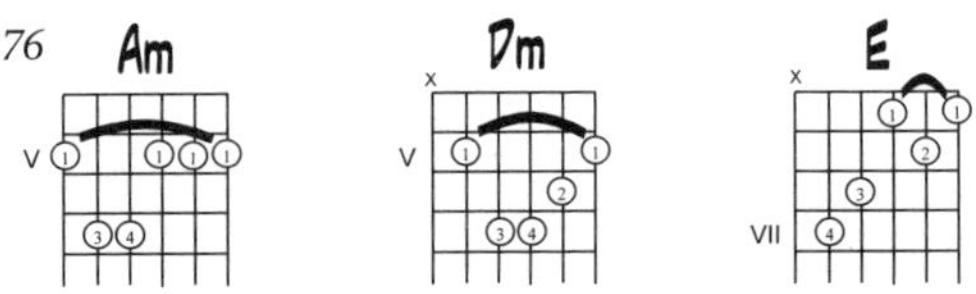

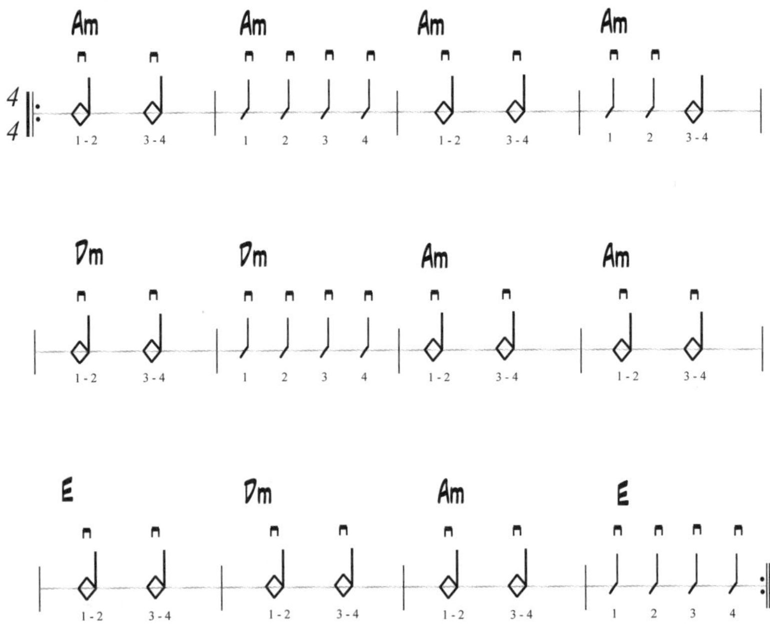

Progresiones de acordes usando acordes en posición abierta y acordes transportables (con cejilla), y diferentes combinaciones de figuras rítmicas.

Ejercicio 1

A estas alturas ya debes de estar familiarizado con:

— Acordes en posición abierta (mayores y menores)
— Acordes transportables (mayores y menores)
— Las figuras rítmicas y sus silencios
— Los diagramas rítmicos
— El plumilleo alternado

En los siguientes ejercicios usaremos combinaciones de todos estos puntos.

Se indicará con un diagrama de acorde cuando tengas que usar un acorde transportable; si no hay indicación usa un acorde en posición abierta.

Usaremos algunas progresiones diatónicas. Las progresiones diatónicas las explicaré en la siguiente parte de este capítulo, así que practicaremos estas posiciones transportables sobre progresiones diatónicas, que en algunas partes acostumbran llamarlas "círculos".

Ejemplo:

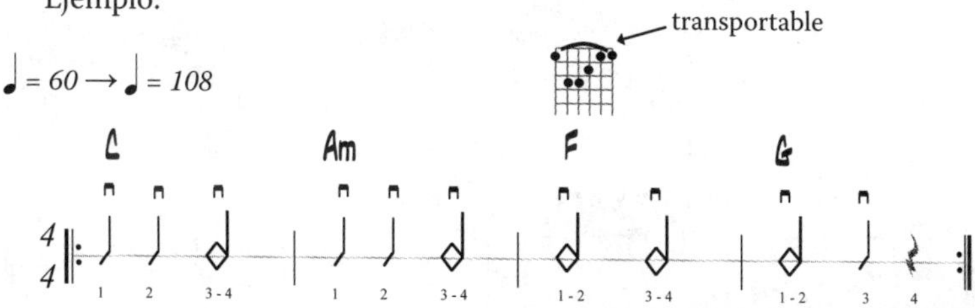

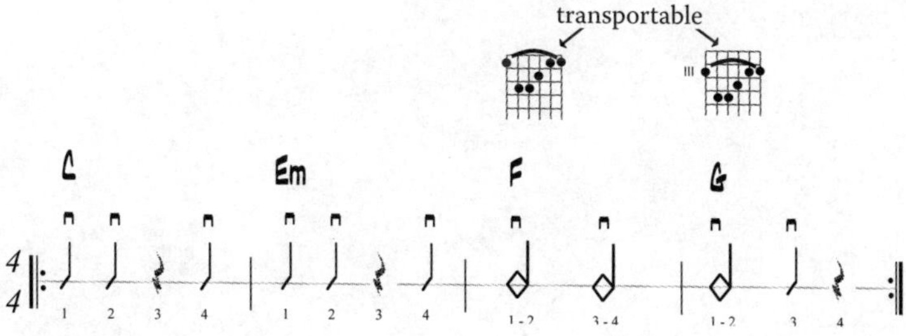

Ejercicio 2

En este ejercicio están dos opciones para tocar el G (Sol mayor). La primera está en el compás 2 con posición abierta, y la segunda está en el compás 8 con acorde transportable. Ambas tónicas se encuentran en el mismo lugar, en el traste III de la 6.[a] cuerda.

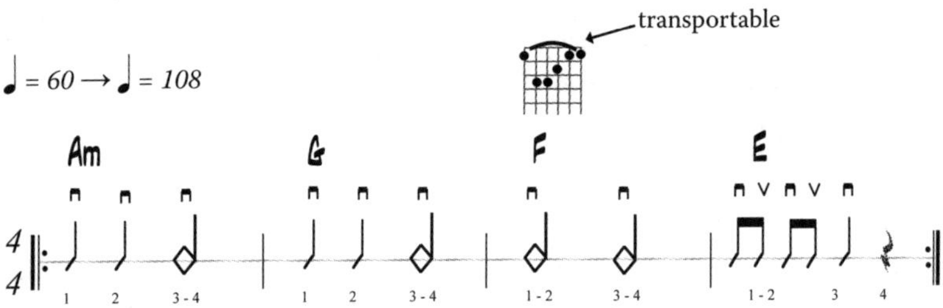

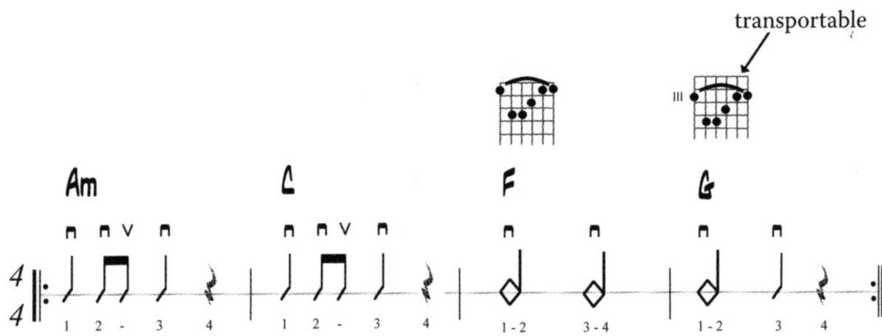

Ejercicio 3:

Una progresión en La mayor (A). Ve ajustando tu metrónomo recuerda que lo importante es ser preciso, darles su valor a los acordes y que todas las notas suenen claramente.

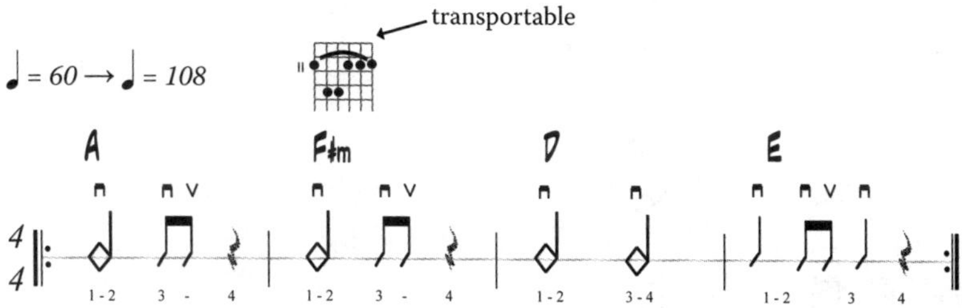

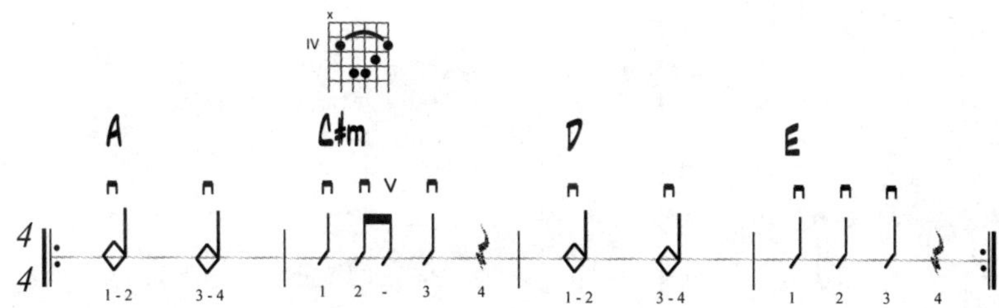

Ejercicio 4:

Una progresión en Re mayor (D). Recuerda ser paciente al practicar los acordes con cejilla.

En el segundo renglón en los compases 3 y 4 aparecen los acordes G y A, en el primer renglón usa acordes en posición abierta para estos acordes y en el segundo usa acordes transportables. Nota la diferencia.

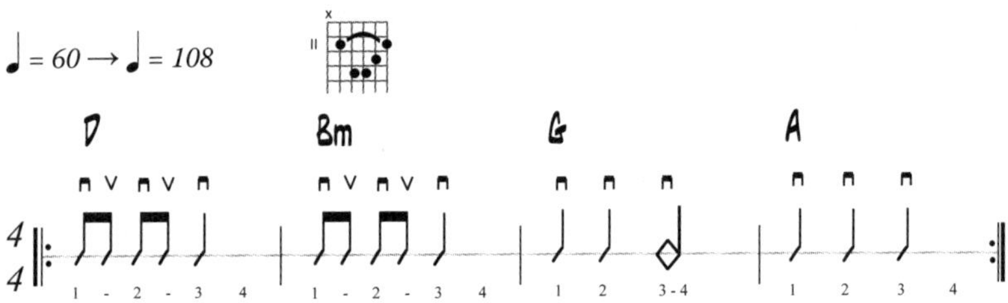

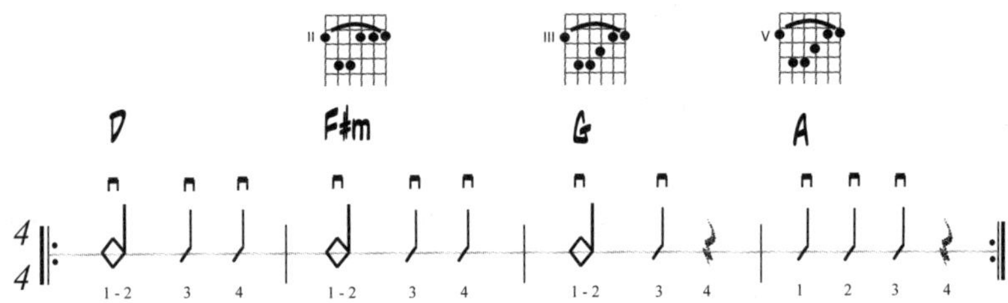

Ejercicio 5:

Una progresión en Si menor.

Practica el cambio de Bm a D del primero al segundo compás del segundo renglón, en este cambio solo tienes que mover el dedo 4 de la mano izquierda. Practícalo con calma.

♩ = *60* → ♩ = *108*

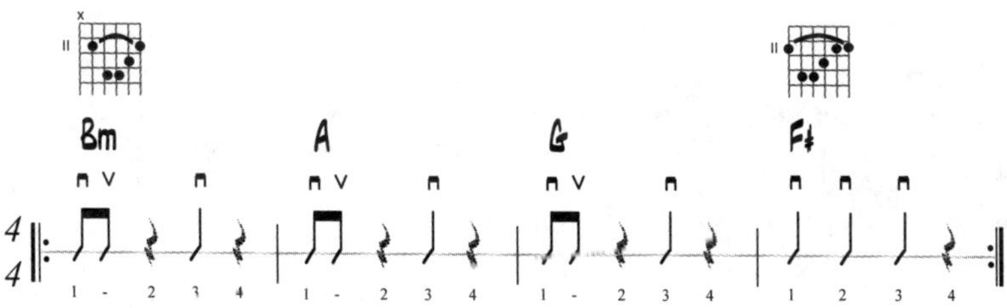

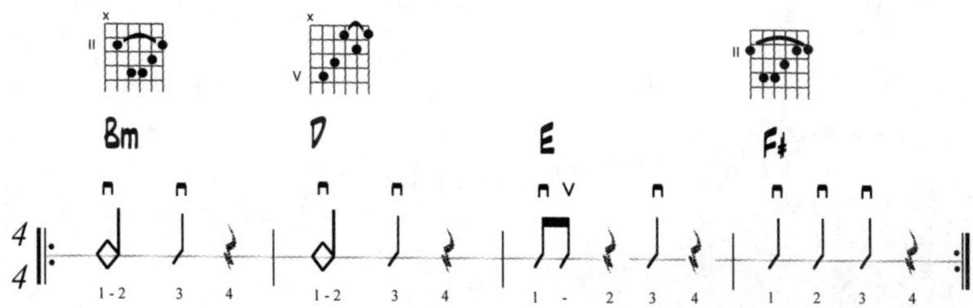

Ejercicio 6:

En el siguiente ejercicio usaremos silencios de octavo, pon atención a los plumilleos, te ayudarán a ser preciso en su ejecución.

♩ = 60 → ♩ = 108

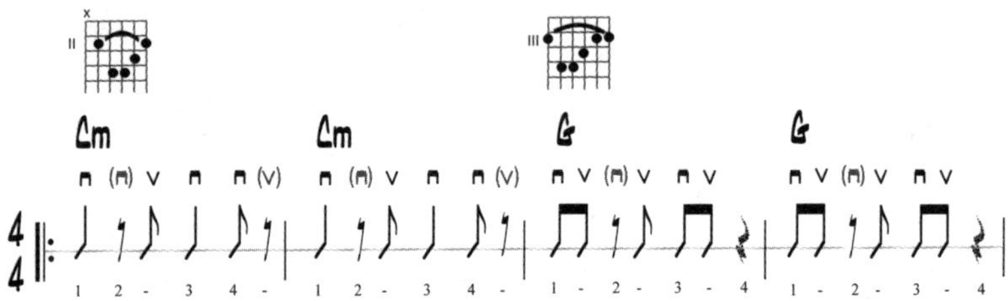

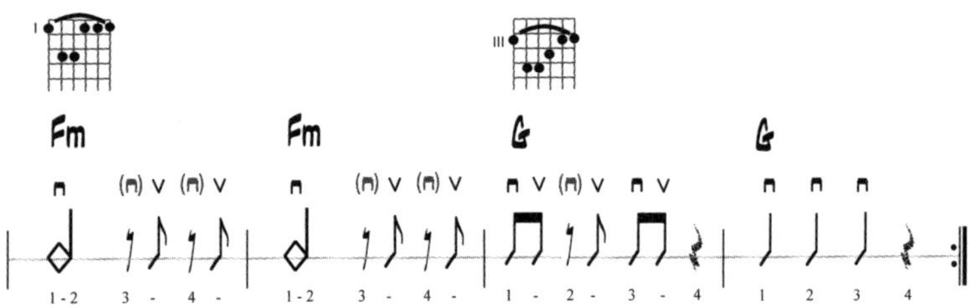

Ejercicio 7

En este ejercicio seguimos usando silencios de octavo, pon atención a los plumilleos, te ayudarán a ser preciso en su ejecución.

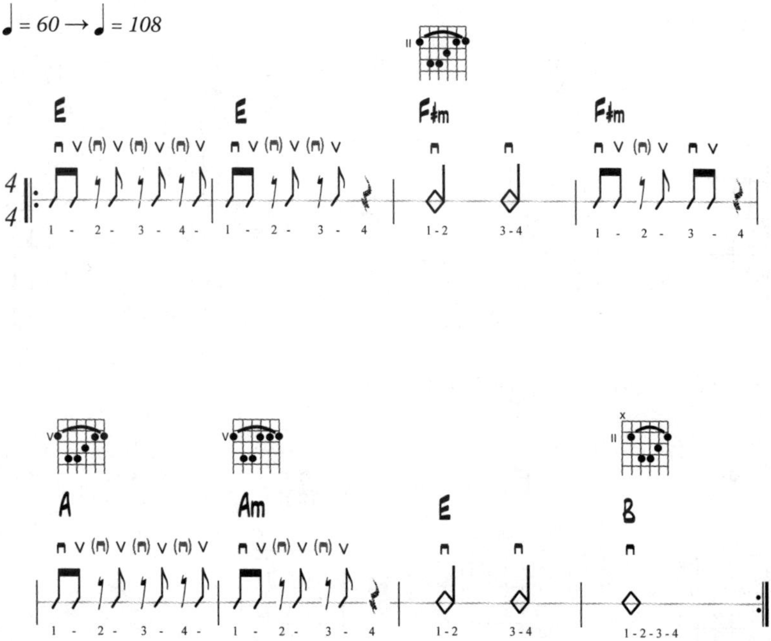

Resumen de acordes transportables y en posición abierta

Bien, hagamos un resumen de los acordes que hasta el momento hemos aprendido.

Acordes mayores en posición abierta

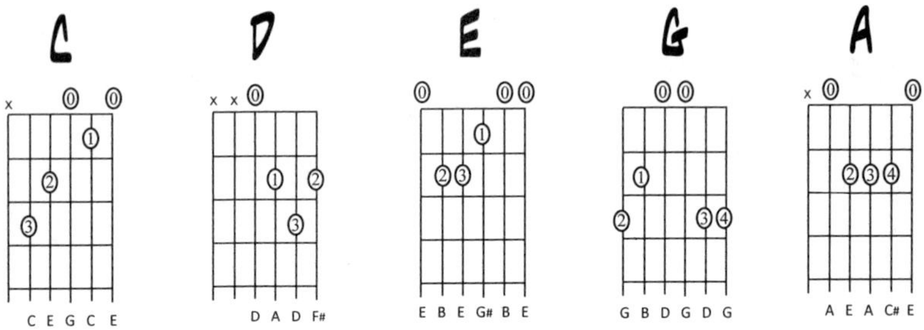

Acordes menores en posición abierta

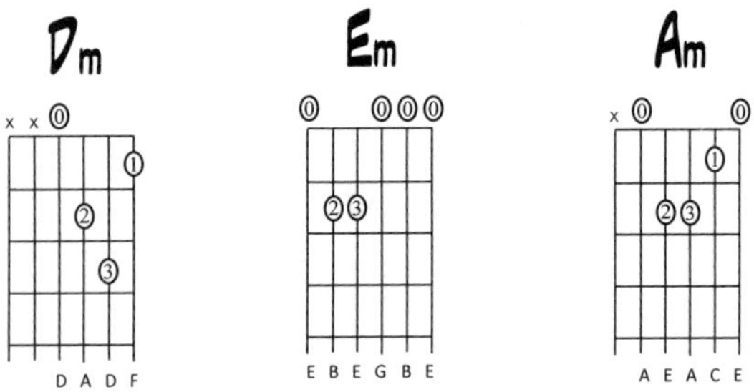

Acordes transportables

Recuerda que el nombre que reciba el acorde transportable dependerá del lugar en donde esté ubicada su tónica.

Mayor y menor con la tónica en la 6.ª cuerda

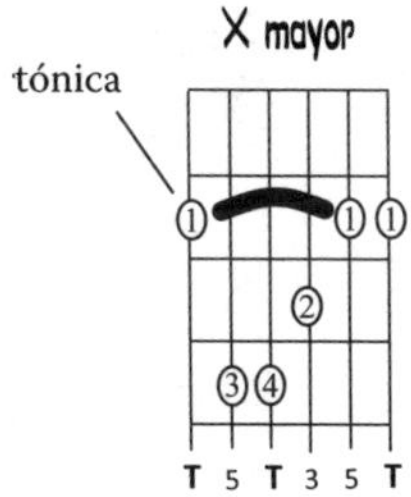

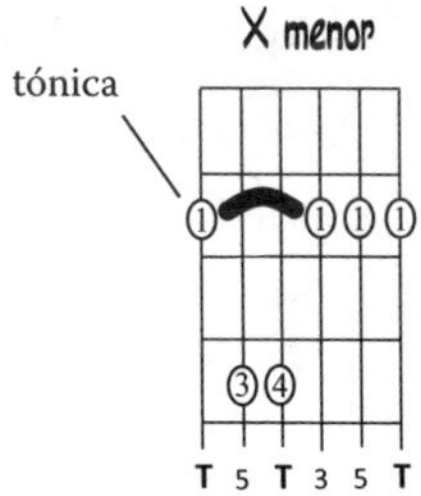

Mayor y menor con la tónica en la 5.ª cuerda

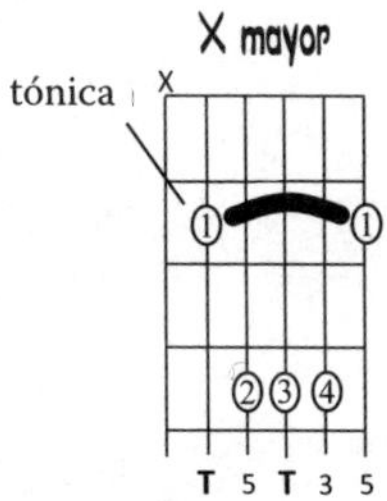

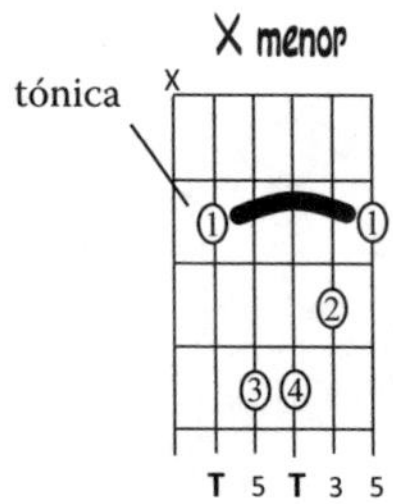

Mayor con la tónica en la 5.ª cuerda

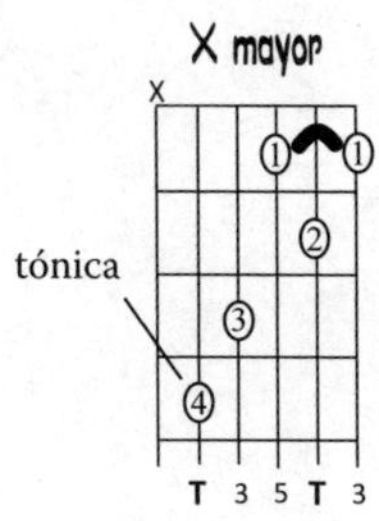

Ejercicio

A continuación verás esquemas rítmicos en blanco.

Llénalos con las combinaciones de acordes en posición abierta y transportables que se te ocurran y usando las figuras rítmicas que gustes. Recuerda que por el momento solo estamos usando el compás de 4/4.

Al inicio de cada compás escribe encima el cifrado del acorde que tú decidas.

De igual manera coloca barras de repetición en donde tú lo consideres.

♩ = 60 → ♩ = 76

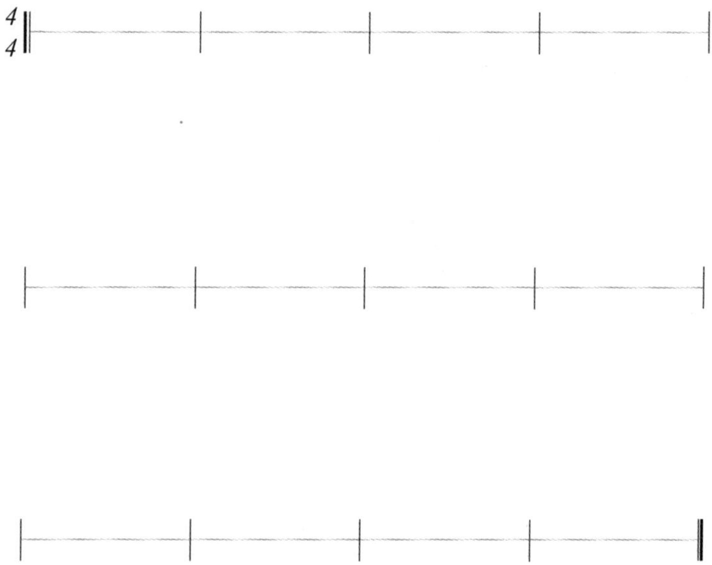

Ejercicio (continuación)

$\frac{4}{4}$

Ejercicios de digitación y coordinación 3

Ejercicios con secuencias de 4 notas

Continuemos con los ejercicios de digitación y coordinación. Ahora estudiaremos otras 6 secuencias, en esta ocasión todas comenzarán con el dedo 3 de tu mano izquierda.

La técnica es la misma, plumilleo alterno y la velocidad del metrónomo inicial será de 60. Recuerda que vamos a ir incrementando "gradualmente" la velocidad hasta 108.

c) Comenzando con el dedo 3 de la mano izquierda:

♩ = *60* → ♩ = *108*

1.- **3 - 1 - 2 - 4**

⊓ V ⊓ V *(mismo plumilleo..........)*

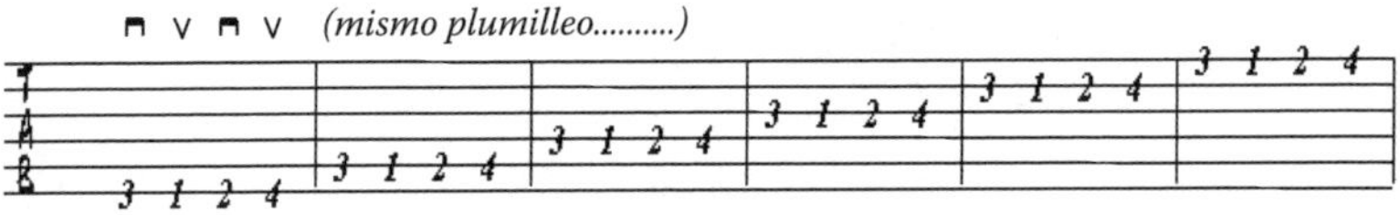

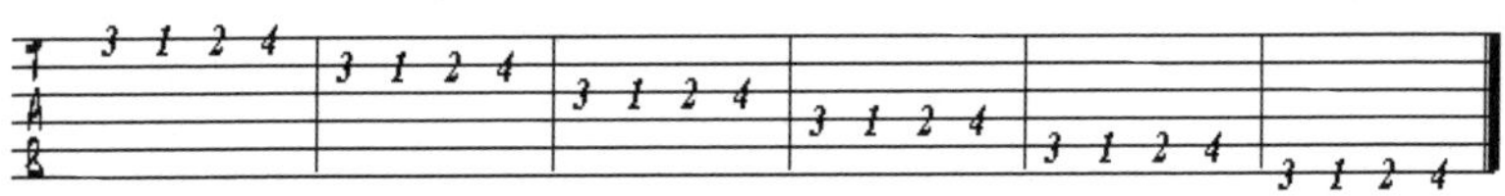

2.- **3 - 1 - 4 - 2**

⊓ V ⊓ V *(mismo plumilleo..........)*

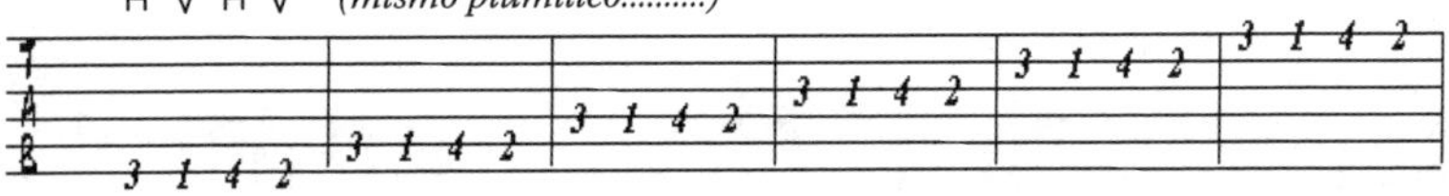

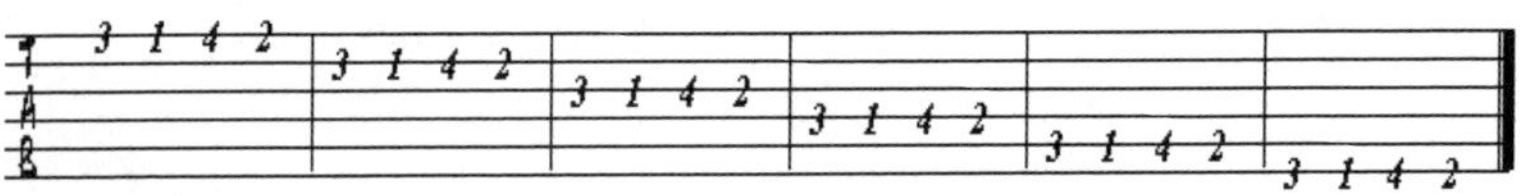

Recuerda dar los plumilleos correctos y que las notas suenen claramente.

♩ = *60* → ♩ = *108*

3.- **3 - 2 - 1 - 4**

⊓ V ⊓ V *(mismo plumilleo..........)*

4.- **3 - 2 - 4 - 1**

⊓ V ⊓ V *(mismo plumilleo..........)*

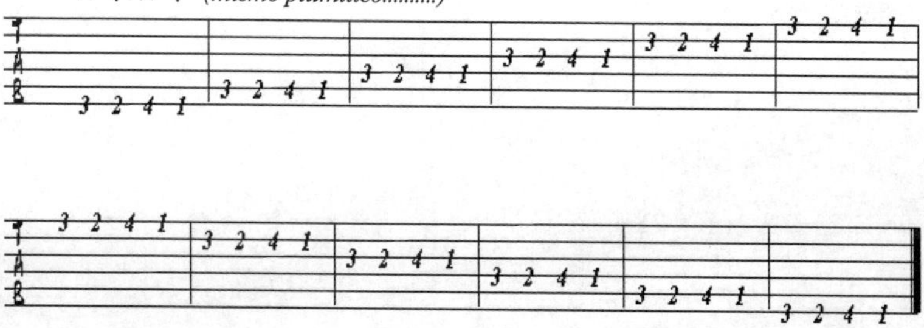

Si alguno de estos ejercicios te cuesta más trabajo que otro, repásalo más veces.

♩ = *60* → ♩ = *108*

5.- 3 - 4 - 1 - 2

⊓ V ⊓ V *(mismo plumilleo..........)*

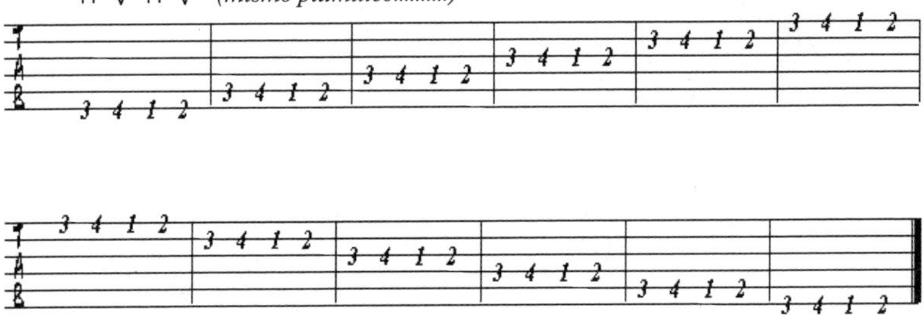

6.- 3 - 4 - 2 - 1

⊓ V ⊓ V *(mismo plumilleo..........)*

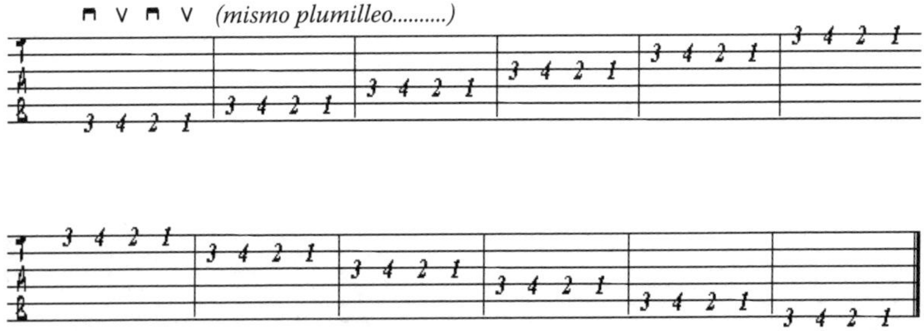

Estudia diariamente todos los ejercicios de digitación y coordinación.

REPASO 3

Hagamos un repaso de los temas más recientes.

La melodía en la guitarra I. - 2.ª Parte

1. Ejercicios sobre la Forma 2 en Do mayor:

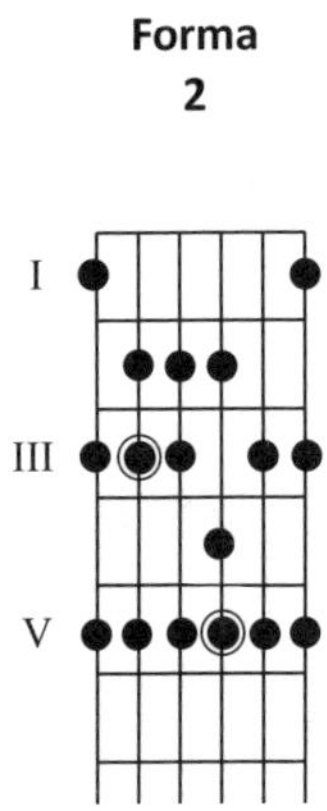

— ejercicio 1 con la forma 2 en Do mayor
— ejercicio 2 con la forma 2 en Do mayor
— ejercicio 3 con la forma 2 en Do mayor
— ejercicio 4 con la forma 2 en Do mayor

Practica estos ejercicios diariamente siempre cuidando:

- el plumilleo (alternado)
- cómo agarrar la plumilla
- la posición de la mano izquierda
- la posición de la mano derecha
- que tus notas suenen claramente
- siempre practicar con metrónomo a estas alturas ya puedes darles el valor real de octavos a los ejercicios, así que practícalos tal y como están escritos, recuerda empezar lento e ir incrementando gradualmente la velocidad.
- que las notas tengan la duración precisa según el tempo (velocidad del metrónomo)

La armonía en la guitarra 2

1. Acordes transportables.

Recuerda que el nombre que reciba el acorde dependerá de en qué lugar del brazo esta la tónica.

Lo más importante de cada posición es que recuerdes en dónde está la tónica.

Acorde mayor y menor con la **tónica en la 6.ª cuerda**.

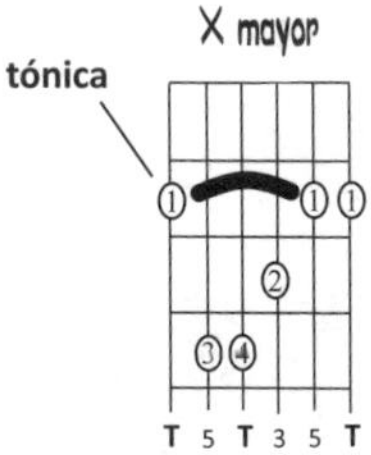

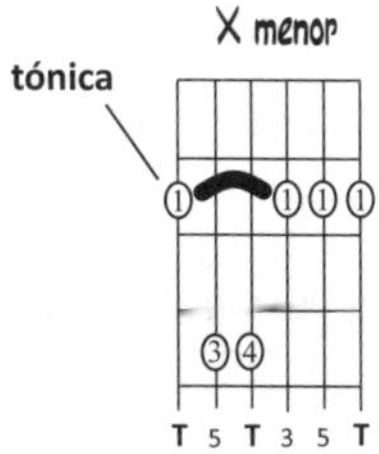

Acorde mayor y menor con la **tónica en la 5.ª cuerda**.

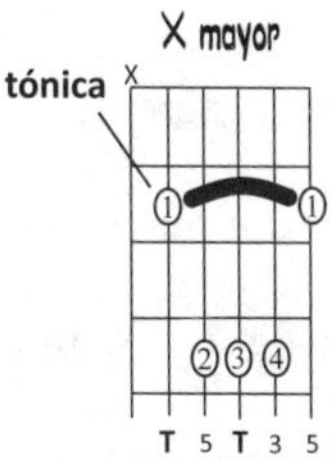

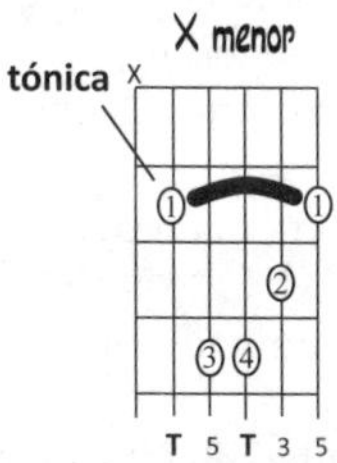

Acorde mayor con la **tónica en la 5.ª cuerda**.

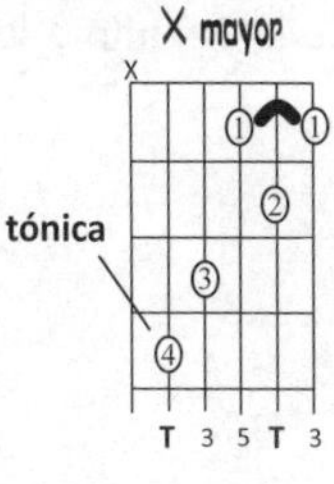

Ejercicios de digitación y coordinación 3

Secuencia con 4 notas comenzando con el dedo 3 de la mano izquierda.

⊓ V ⊓ V	⊓ V ⊓ V	⊓ V ⊓ V
1 - 2 - 3 - 4	2 - 1 - 3 - 4	3 - 1 - 2 - 4
1 - 2 - 4 - 3	2 - 1 - 4 - 3	3 - 1 - 4 - 2
1 - 3 - 2 - 4	2 - 3 - 1 - 4	3 - 2 - 1 - 4
1 - 3 - 4 - 2	2 - 3 - 4 - 1	3 - 2 - 4 - 1
1 - 4 - 2 - 3	2 - 4 - 1 - 3	3 - 4 - 1 - 2
1 - 4 - 3 - 2	2 - 4 - 3 - 1	3 - 4 - 2 - 1

Practica estos ejercicios diariamente siempre cuidando:

- — el plumilleo (alternado)
- — cómo agarrar la plumilla
- — la posición de la mano izquierda
- — la posición de la mano derecha
- — que tus notas suenen claramente
- — siempre practicar con metrónomo una nota en cada golpe del metrónomo
- — intenta practicarlos a manera de octavos, es decir dos notas por cada golpe del metrónomo
- — que las notas tengan la duración precisa según su figura y tempo (velocidad del metrónomo)
- — comienza en una velocidad de 60 e increméntala gradualmente hasta 108
- — practica los tres grupos de series de corrido, los que comienzan con el dedo 1, los que comienzan con el dedo 2 y ahora los que comienzan con el dedo 3

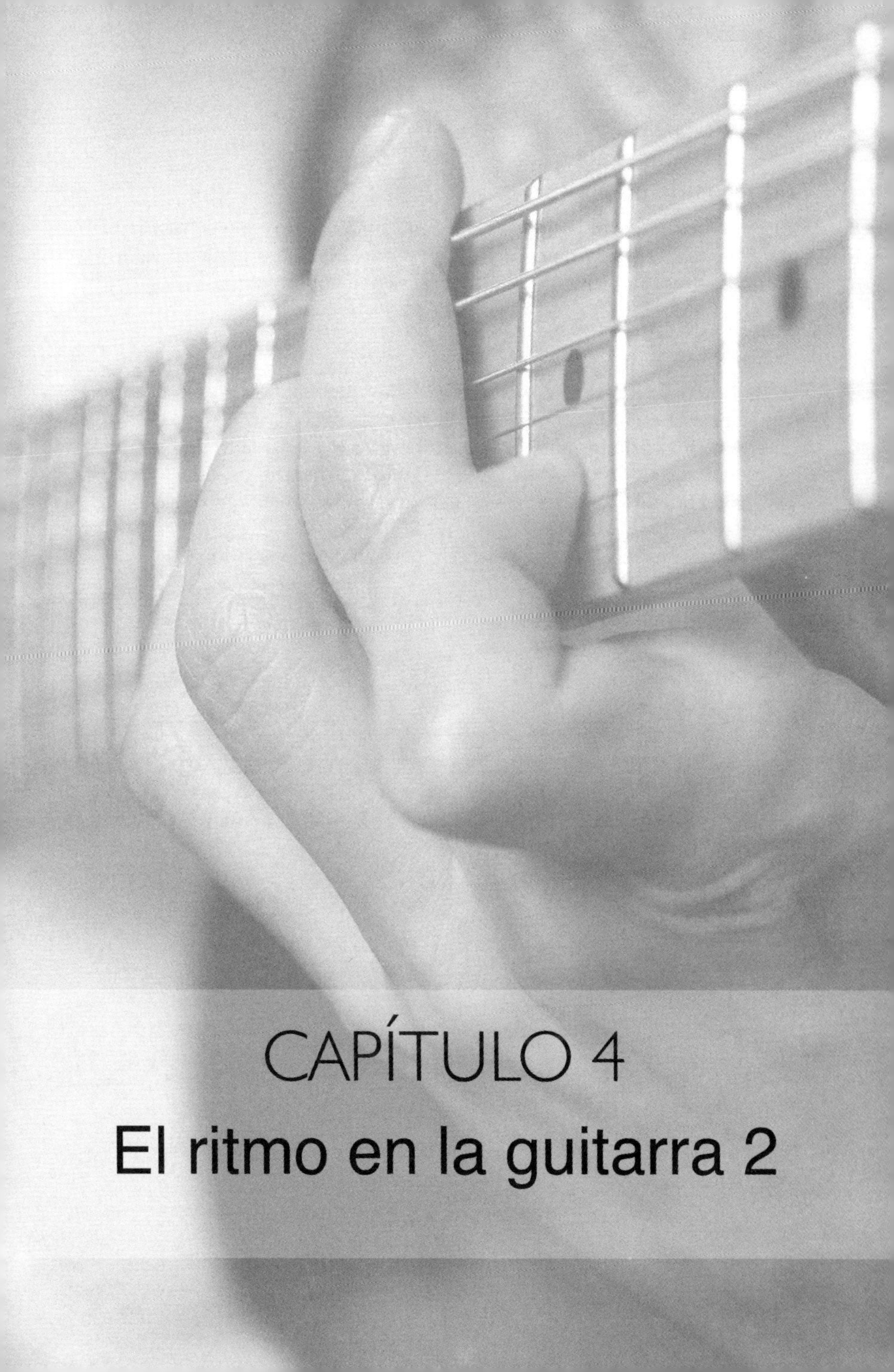

CAPÍTULO 4

El ritmo en la guitarra 2

Puntillos de aumentación

El puntillo de aumentación es un signo (punto negro) que se escribe a la derecha de una figura de nota, aumentando a esta la mitad de su valor. En algunos casos también a los silencios se les pone puntillo.

Ejemplo:

A continuación muestro dos ejemplos del uso del puntillo de aumentación. Uno en escritura musical y otro en diagrama rítmico.

Aquí, en el primer compás el puntillo está escrito a lado de una mitad aumentando su valor de 2 tiempos a 3 tiempos. Mientras que en el segundo compás el puntillo está escrito a lado de un cuarto aumentando su valor de 1 tiempo a tiempo y 1/2.

Abajo se muestra el mismo ejemplo pero en diagrama rítmico.

Escritura musical

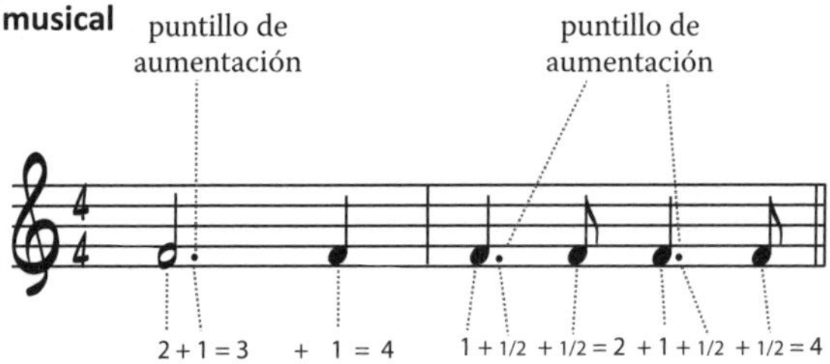

Diagrama rítmico

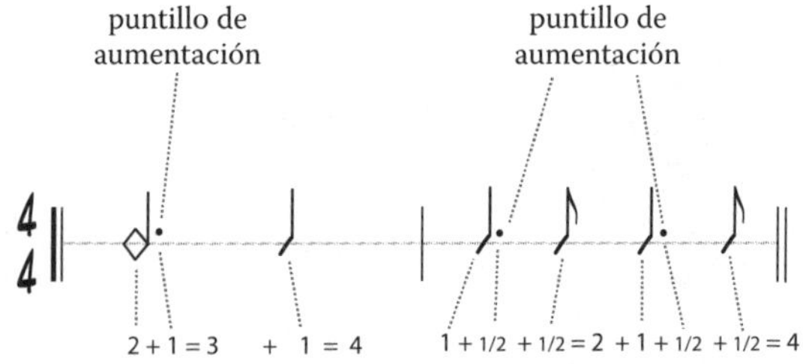

Ligadura de unión

La ligadura de unión es una línea curva que une en uno solo, el valor de dos notas del mismo nombre y del mismo sonido, articulando (tocando), por tanto, únicamente la primera de ellas.

Ejemplo:
A continuación te muestro un ejemplo del uso de la ligadura de unión.

En este ejemplo la ligadura de unión se encuentra entre los compases 1 y 2 "uniendo" al último cuarto del primer compás con el primer cuarto del segundo compás. Por lo tanto, la nota Fa dura en realidad 2 tiempos.

La ligadura de unión se puede presentar entre figuras rítmicas de diferente valor, pero, siempre tiene que estar ligada a una nota del mismo nombre y sonido.

Escritura musical

El mismo ejemplo pero ahora en diagrama rítmico.

La ligadura de unión en este caso está "uniendo" a dos acordes (G) del mismo nombre y sonido.

Diagrama rítmico

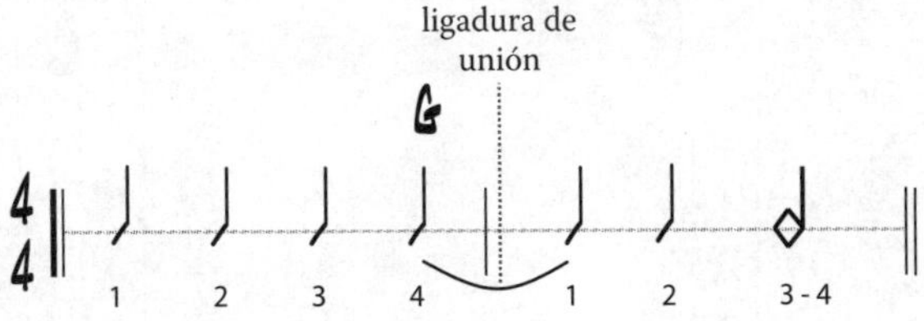

Ejercicios con diagramas rítmicos:

Progresiones de acordes diatónicos usando acordes en posición abierta y acordes transportables (con cejilla), y diferentes combinaciones de figuras rítmicas.

A estas alturas ya debes de estar familiarizado con:

- — Acordes en posición abierta (mayores y menores)
- — Acordes transportables (mayores y menores)
- — Ubicación de las notas en los puntos de referencia de las cuerdas 6.ª y 5.ª
- — Las figuras rítmicas y sus silencios
- — Puntillos de aumentación
- — Ligaduras de unión
- — Los diagramas rítmicos
- — El plumilleo alternado

En los siguientes ejercicios usaremos combinaciones de todos estos puntos.

Usaremos progresiones diatónicas. Las progresiones diatónicas las explicaré en el siguiente capítulo.

Recuerda que estas progresiones diatónicas, que en algunas partes acostumbran llamarlas "círculos", se indicarán con un diagrama de acorde cuando tengas que usar un acorde transportable, si no hay indicación usa un acorde en posición abierta o mejor aún ve observando qué otras opciones tienes para tocar un acorde y decide cuál utilizar. Lo importante es que tengas en claro en dónde está la tónica.

Ejemplo:

Un acorde de Do mayor:

lo puedes tocar en posición abierta con su tónica en el traste III de la 5.ª cuerda

o

lo puedes tocar con un acorde transportable con su tónica en el traste VIII de la 6.ª cuerda.

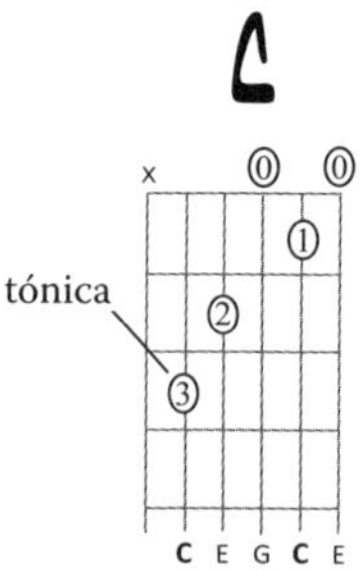

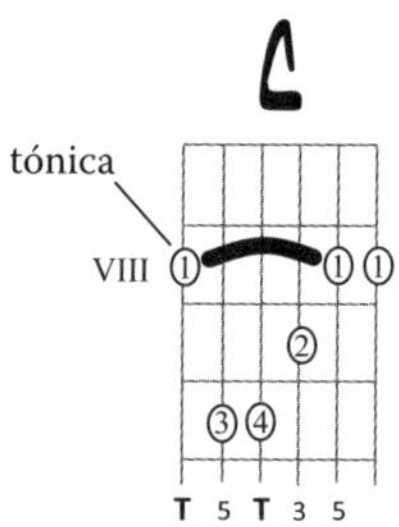

Un acorde de La menor:

lo puedes tocar en posición abierta con su tónica en **5.ª** cuerda al aire

o

lo puedes tocar con un acorde transportable con su tónica en el traste **V** de la **6.ª** cuerda.

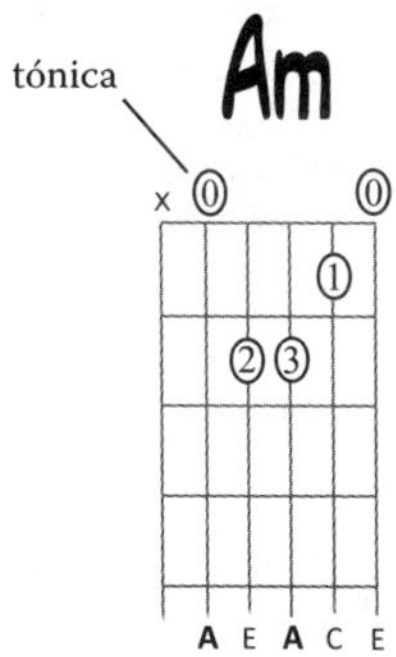

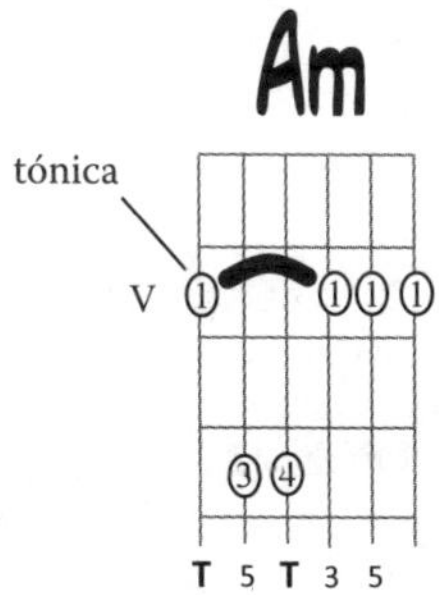

Un acorde de Sol mayor:

lo puedes tocar en posición abierta con su tónica en el traste **III** de la **6.ª** cuerda

o

lo puedes tocar con un acorde transportable con su tónica en el traste **III** de la **6.ª** cuerda.

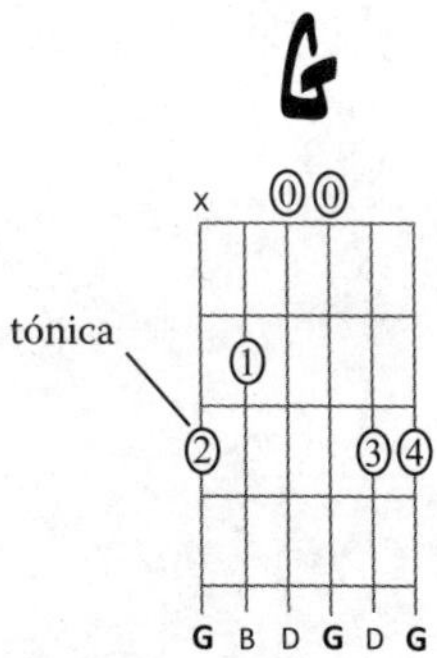

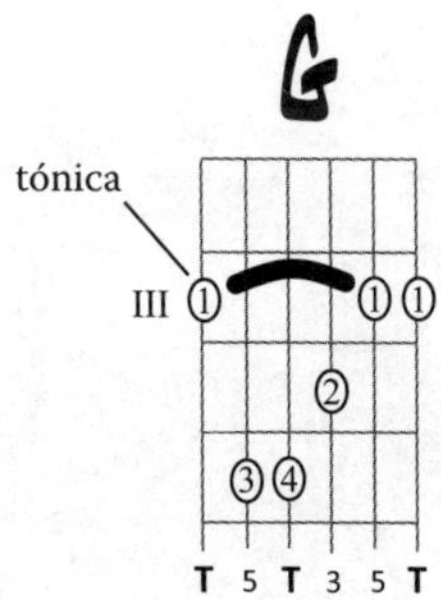

Ejercicio 1

Comencemos con un ejercicio con puntillo de aumentación. Pon mucha atención a la relación entre los octavos con los plumilleos. En este caso, el puntillo está con el primer cuarto de compás 1 y 2 de cada renglón. El plumilleo del segundo tiempo de estos compases NO lo tocarás, solamente el segundo octavo el que va hacia arriba.

No olvides ir llevando la cuenta en voz alta. Igualmente pon atención a todas las indicaciones. En este ejercicio solamente usaremos acordes en posición abierta.

♩ = *60* → ♩ = *108*

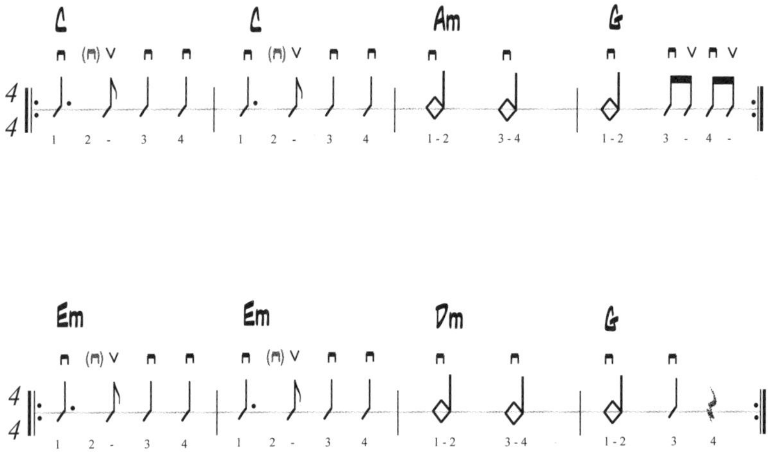

Ejercicio 2

Veamos otro ejercicio con puntillo de aumentación. Pon mucha atención a la relación entre los octavos con los plumilleos. No olvides ir llevando la cuenta en voz alta. En este ejercicio usamos acordes en posición abierta y el F#m en posición transportable.

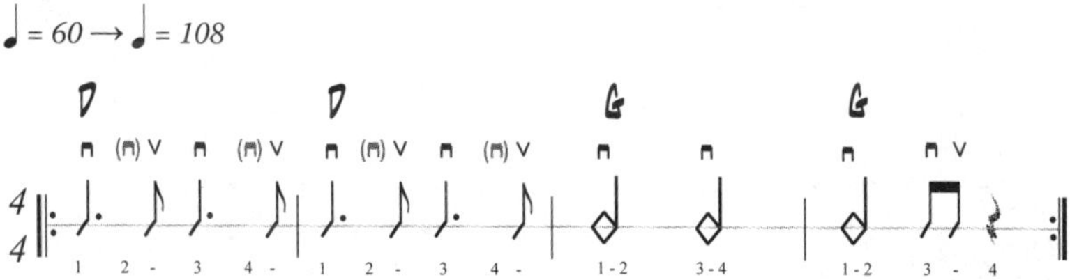

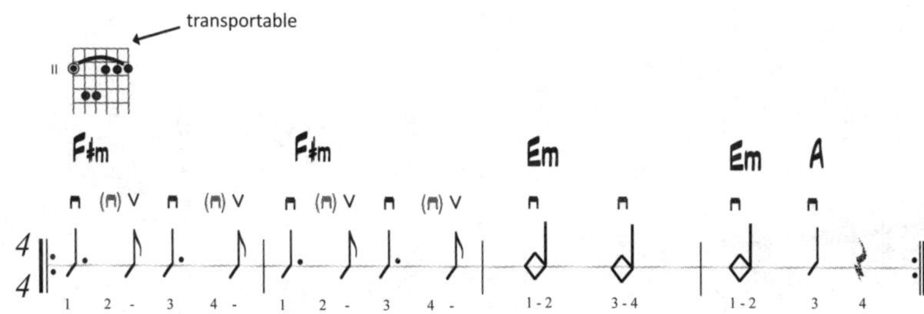

Ejercicio 3

Ahora veamos un ejercicio con ligadura de unión. No olvides ir llevando la cuenta en voz alta. Que los movimientos de tu mano derecha sean "naturales".

♩ = *60* → ♩ = *108*

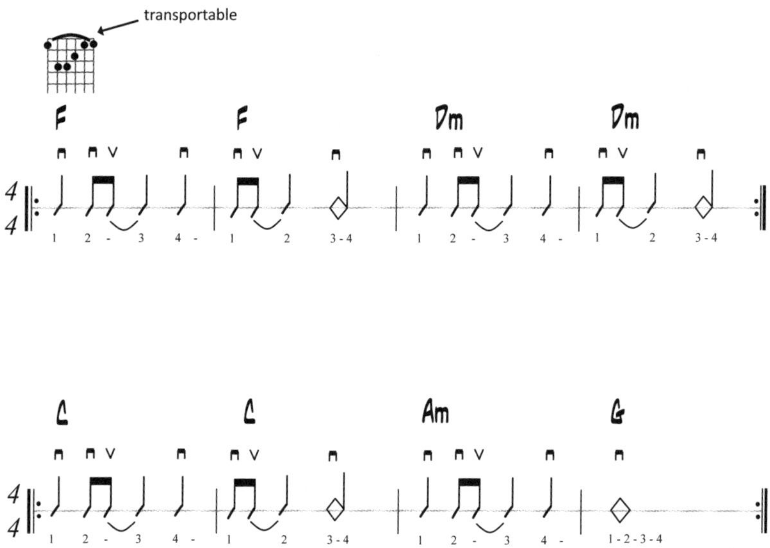

Ejercicio 4

Veamos otro ejercicio con ligadura de unión. No olvides ir llevando la cuenta en voz alta y haciendo los plumilleos correctos. Ve incrementando gradualmente el tempo.

♩ = *60* → ♩ = *108*

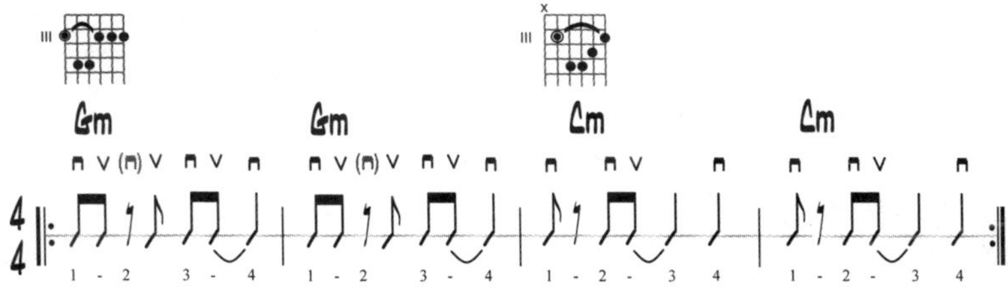

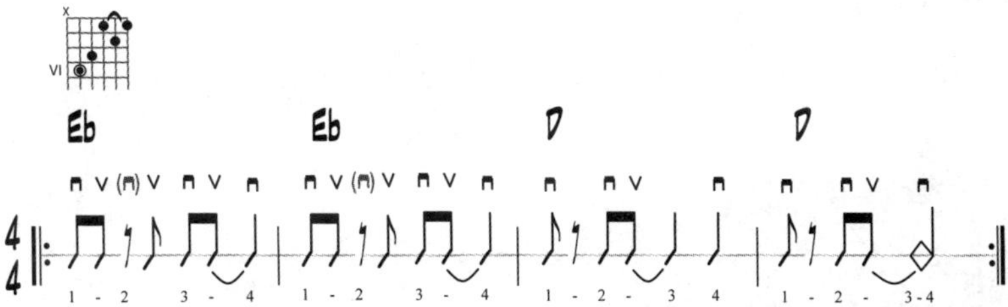

Ejercicio 5

Ahora combinemos el puntillo con la ligadura. No olvides ir llevando la cuenta en voz alta y haciendo los plumilleos correctos. Ve incrementando gradualmente el tempo.

♩ = 60 → ♩ = 108

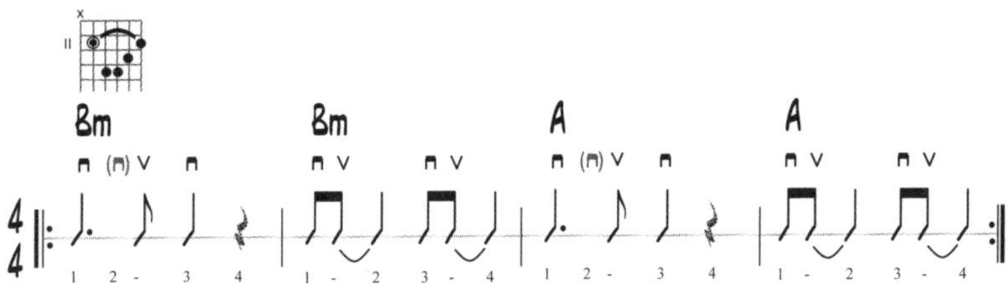

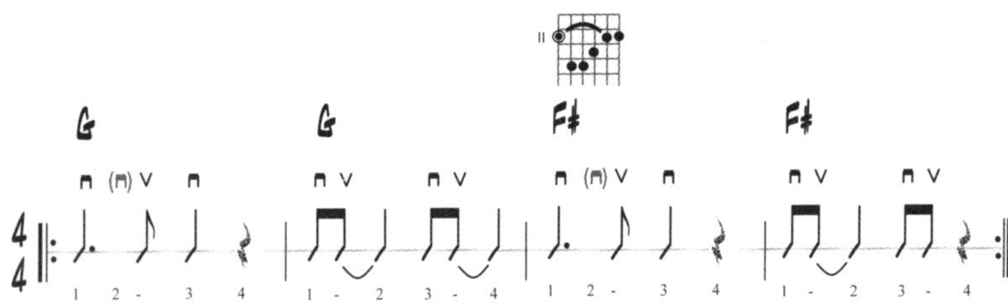

Ejercicio 6

Sigamos combinando el puntillo con la ligadura. No olvides ir llevando la cuenta en voz alta y haciendo los plumilleos correctos.

Aquí los compases 1 y 3 de cada renglón son iguales; es decir, el valor del acorde tiene la misma duración, pero está escrito de diferente manera. La forma correcta o la más usual es la del segundo renglón.

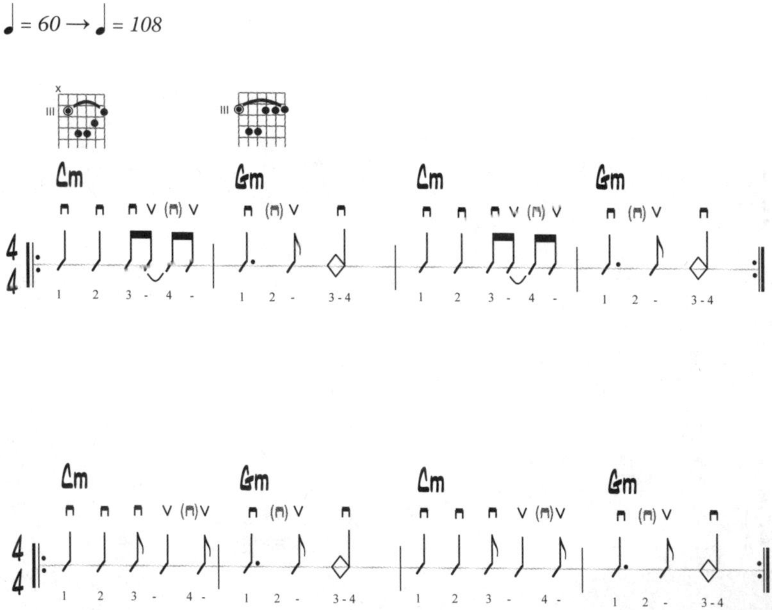

Ejercicio 7

Sigamos combinando el puntillo con la ligadura. No olvides ir llevando la cuenta en voz alta y haciendo los plumilleos correctos.

En este ejercicio aparece el acorde de B (Si mayor), esta posición al igual que Bb suelen ser las que más trabajo cuestan hacer sonar bien. Una vez más ten paciencia. Practica despacio, poco a poco harás que suene claramente.

♩ = 60 → ♩ = 108

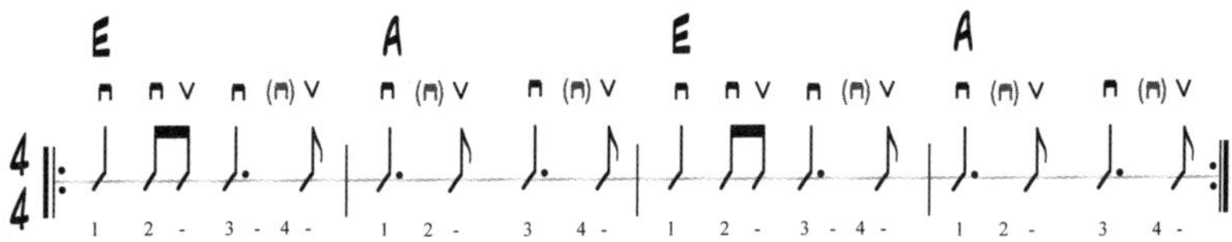

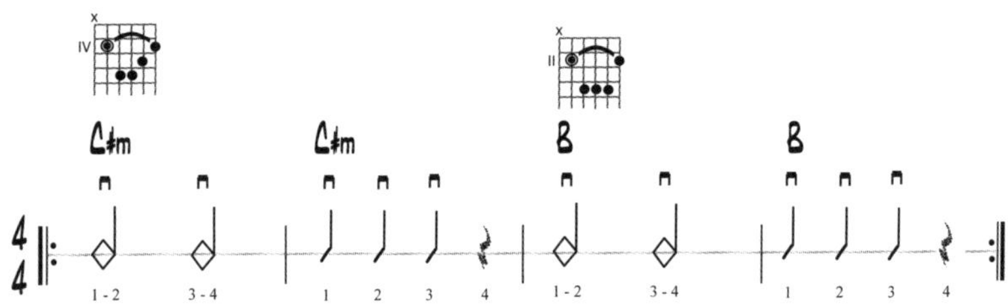

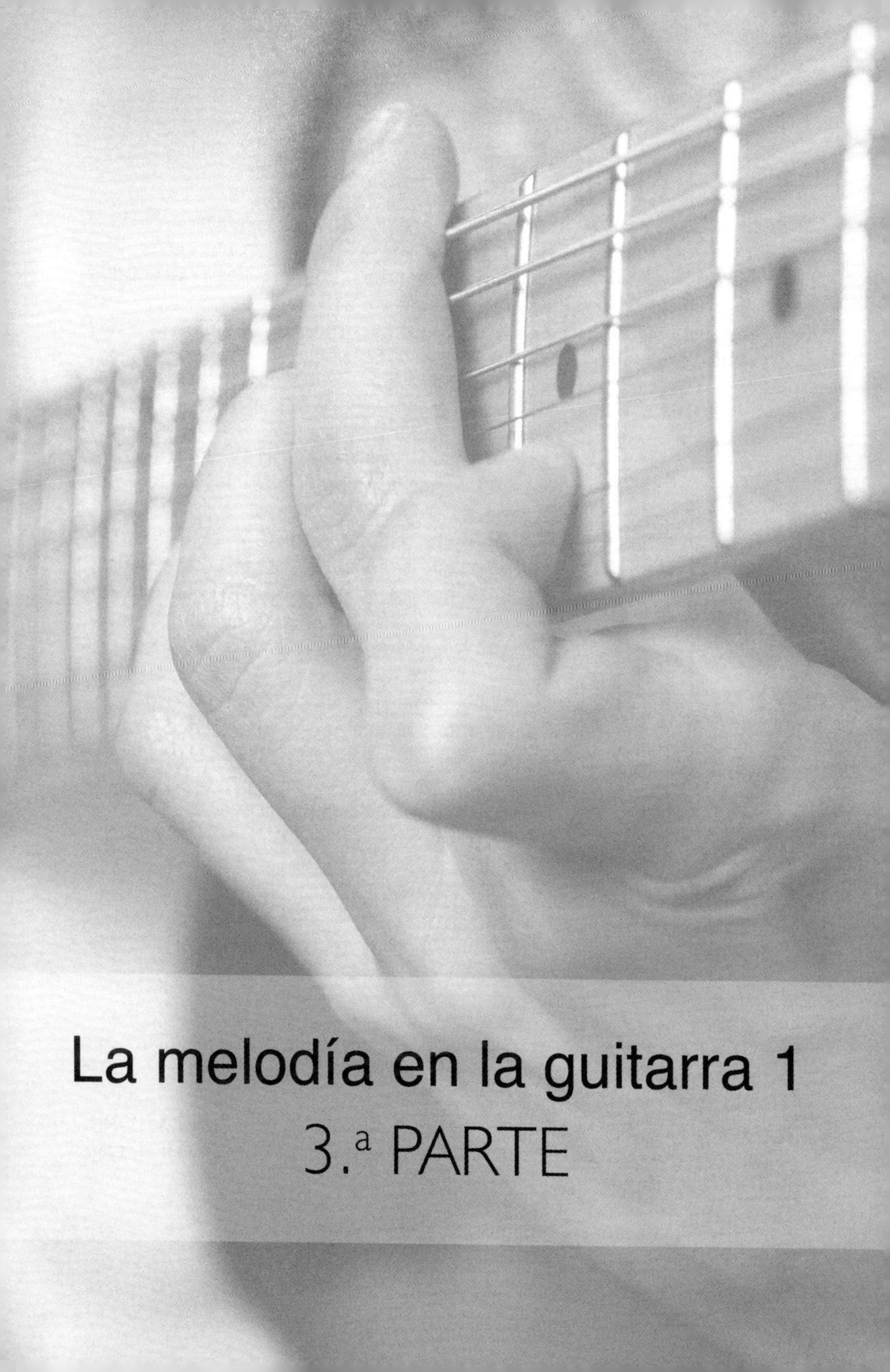

La melodía en la guitarra 1
3.ª PARTE

Escala de Do mayor. Forma 3

Bien, en la primera parte de *La melodía en la guitarra* estudiamos la Forma 1 en Do mayor; en esta 3.ª parte veremos la Forma 3 en Do mayor. En la primera parte viste la forma en que se escriben los ejercicios; si tienes duda revisa la sección de los diagramas.

Los siguientes ejercicios están hechos para tocarlos en la Forma 3 de la escala mayor de Do:

Forma 3

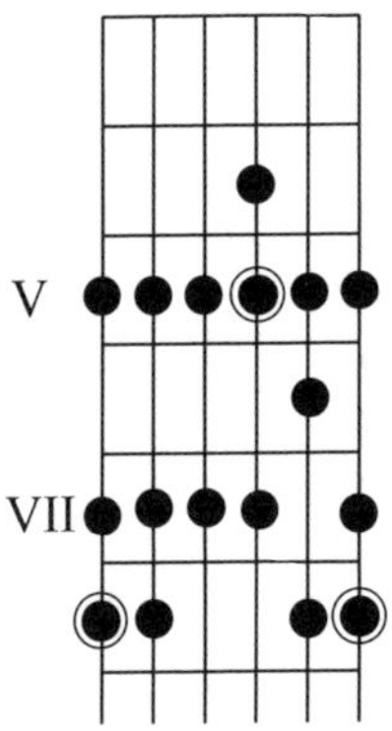

Esta forma abarca 5 trastes, del **IV** al **VIII**.
En esta forma usaremos todos los dedos de la mano izquierda.
Las notas que están en el traste **V** con el dedo 1
Las notas que están en el traste **VII** con el dedo 3
Las notas que están en el traste **VIII** con el dedo 4

Excepto las notas que están en la 3.ª cuerda:

La nota que está en el traste **IV** con el dedo 1
La nota que está en el traste **V** con el dedo 2
La nota que está en el traste **VII** con el dedo 4

El rango que abarca esta forma es:

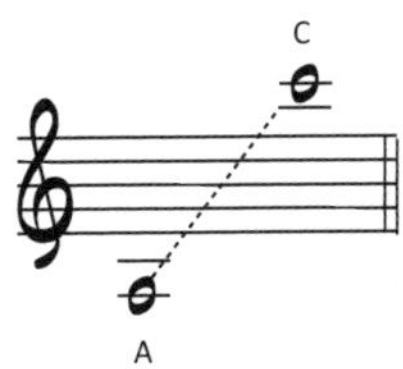

Recuerda que los puntos en negro, son los lugares en donde se encuentran las notas de la escala de Do mayor, y que el punto negro encerrado en un círculo es la "tónica".

En este caso, hay tres "Do" en esta forma, uno está en el traste VIII de la 6.ª cuerda, otro está en el traste V de la 3.ª cuerda, y el otro está en el traste VIII de la 1.ª cuerda.

Comienza a memorizar cada una de las formas.

Ejercicios sobre la escala de Do mayor. Forma 3

Veamos ahora la Forma 3 sobre la escala de Do mayor. Para comenzar a memorizar esta forma, tócala de la forma en como está escrita, una y otra vez con plumilleo alternado.

Este ejercicio parte del C del traste VIII de la 6.ª cuerda, asciende hasta el C del traste VIII de la 1.ª cuerda, desciende al A del traste V de la 6.ª cuerda y termina en el C inicial.

Comienza a un tempo de 60 y ve incrementando gradualmente el tempo.

Los números encerrados en un círculo indican los dedos de la mano izquierda, no lo olvides.

♩ = 60 → ♩ = 76

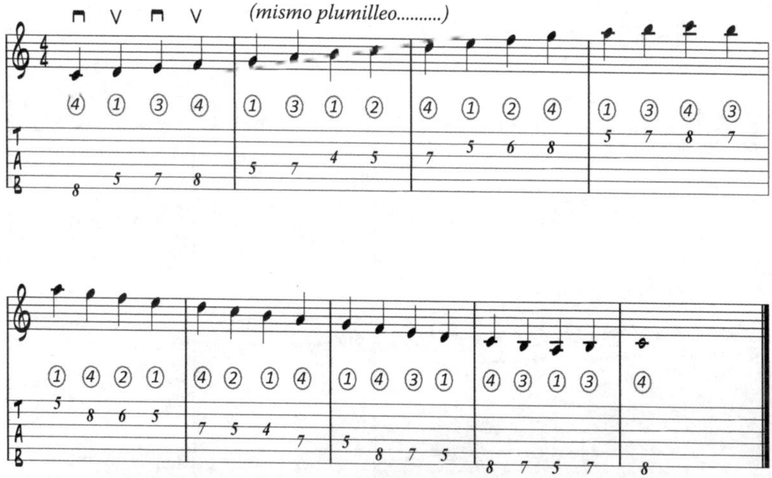

Asegúrate de que todas las notas suenen claras y con buen volumen, que se escuchen con buena presencia y seguras.

Forma 3: Ejercicio 1 en C

En la mano derecha estaremos usando el plumilleo alternado, arriba, abajo, arriba, abajo, etcétera.

Los ejercicios están escritos en octavos, o sea dos notas por cada golpe de tu metrónomo.

Ajusta tu metrónomo. Comienza a una velocidad de 60 pero si te cuesta trabajo baja la velocidad, no hay ningún problema. Presta atención a las digitaciones escritas.

Forma 3: Ejercicio 2 en C

Recuerda darles su valor a las figuras rítmicas de ahora en adelante. Pon cuidado a la digitación, si tienes duda revisa la primer página de este capítulo.

♩ = *60* → ♩ = *108*

Forma 3: Ejercicio 3 en C

Están escritas algunas digitaciones pon atención y úsalas.

Ajusta tu metrónomo, si te cuesta trabajo tocarlas inicialmenta a 60 baja la velocidad, lo importante es que tus notas suenen y no la velocidad con la que las toques.

Forma 3: Ejercicio 4 en C

Pon atención a las digitaciones escritas y recuerda darles su valor a las figuras rítmicas.

♩ = 60 → ♩ = 108

La armonía en la guitarra 3

Progresiones diatónicas (introducción)

En algunos de los ejemplos anteriores hemos estado usando lo que se le llama "progresiones diatónicas" o lo que comúnmente se le llama "círculos". Bien, se le llama progresiones diatónicas porque llevan una secuencia fundamentada en una escala o en una tonalidad. Las notas diatónicas contenidas en cualquier escala producen un "sentimiento tonal" o "tonalidad" cuando se usan y combinan unas con otras.

Es importante recordar que un acorde es un uso vertical de la escala, mientras que la melodía es un uso horizontal de la escala.

Para poder entender lo que son las progresiones diatónicas necesitamos empezar por estudiar las triadas diatónicas.

Ampliaremos este tema en el siguiente libro, pero por lo pronto veamos cómo se construyen estas tríadas diatónicas sobre nuestra escala modelo, o sea, la escala mayor de Do.

Tríadas diatónicas (acordes diatónicos)

Espero que tengas bien entendido hasta esta parte lo que son y principalmente cómo están construidas las tríadas o lo que es lo mismo los acordes MAYOR, MENOR y AUMENTADO. Si tienes alguna duda repasa el capítulo *La armonía en la guitarra 1.*

Es sencillo, para poder armar nuestras tríadas diatónicas, veamos como tónica a cada una de las notas o grados de la escala mayor y construyamos tríadas, es decir, agreguemos una tercera y una quinta a partir de cada una de estas "nuevas" tónicas.

El resultado de esto será una serie de tríadas (acordes) específicas para cada grado; va a ser muy importante que vayas analizando qué tipo de tríada se va formando en cada uno de los siete grados de la escala mayor, para poder entender cómo se pueden usar y combinar en una progresión diatónica.

Esto más adelante te será de gran ayuda para la composición y para la improvisación. Así que presta mucha atención a este nuevo tema.

Te sugiero que le des un repaso al capítulo *La armonía en la guitarra 1.*

Ahora hagamos un breve revisión de las tríadas básicas o acordes básicos que hasta ahora ya conoces.

Definamos a estos acordes por la separación o la distancia en semitonos que hay entre sus notas, es decir, la distancia que hay entre la tónica y la 3.ª y entre la 3.ª y la 5.ª.

En el acorde o tríada mayor:
- de la tónica a la 3.ª hay 4 semitonos
- de la 3.ª a la 5.ª hay 3 semitonos

En el acorde o tríada menor:
- de la tónica a la 3.ª hay 3 semitonos
- de la 3.ª a la 5.ª hay 4 semitonos

En el acorde o tríada disminuida:
- de la tónica a la 3.ª hay 3 semitonos
- de la 3.ª a la 5.ª hay 3 semitonos

En el acorde o tríada aumentada:
- de la tónica a la 3.ª hay 4 semitonos
- de la 3.ª a la 5.ª hay 4 semitonos

En el siguiente ejemplo se muestran las tríadas que se forman en la escala mayor a partir de cada una de las notas de los siete grados.

El resultado de esta construcción de tríadas a partir de cada grado de la escala es:

En el grado **I** se forma una tríada o acorde **MAYOR.**
En el grado **II** se forma una tríada o acorde **MENOR.**
En el grado **III** se forma una tríada o acorde **MENOR.**
En el grado **IV** se forma una tríada o acorde **MAYOR.**
En el grado **V** se forma una tríada o acorde **MAYOR.**
En el grado **VI** se forma una tríada o acorde **MENOR.**
En el grado **VII** se forma una tríada o acorde **DISMINUIDO.**

Memoriza bien esta tabla; más adelante en el siguiente libro, cuando estudiemos las tonalidades verás que se repiten las características de los acordes en los grados de todas las tonalidades.

Acorde dominante siete

Hagamos un pequeño salto al siguiente grupo de acordes que estudiaremos en el siguiente libro.

A este grupo se le llama acordes a cuatro partes, se le llama así porque en su estructura hay cuatro notas. Es decir, aparte de la estructura básica de la tríada (tónica, 3.ª y 5.ª) se va a agregar una cuarta nota, esta va a ser la 7.ª.

Existen diferentes tipos de 7.ª, esto también lo estudiaremos más adelante.

Este "nuevo" acorde dominante siete es un acorde muy importante porque define la tonalidad y tiene un *color* muy particular.

El acorde dominate siete es una tríada mayor más una séptima "menor" a partir de la tónica (el término "menor" se refiere al intervalo que hay entre la tónica y la séptima).

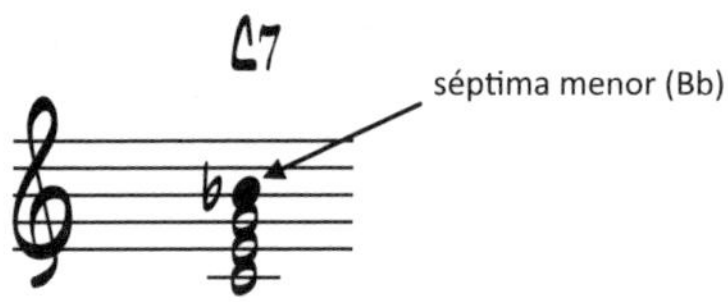

En el acorde dominante siete:

— de la tónica a la 3.ª hay 4 semitonos
— de la 3.ª a la 5.ª hay 3 semitonos
— de la 5.ª a la 7.ª hay 3 semitonos

La ubicación de este acorde en la escala mayor es en el **V grado.**

Acorde dominante siete en posición abierta

Veamos las formas en posición abierta del acorde dominante siete. Recuerda que la X indica que esta cuerda no se toca.

Acorde dominante siete

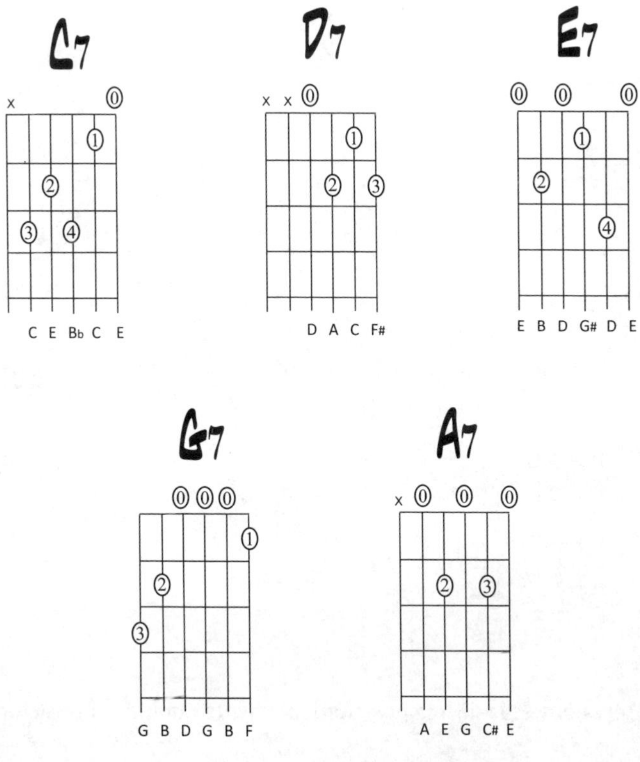

Para alguna duda sobre los diagramas revisa las páginas de la 23 a la 26.

Acorde dominante siete en posición transportable

Recuerda que el nombre que reciba el acorde transportable dependerá del lugar en donde esté ubicada su tónica.

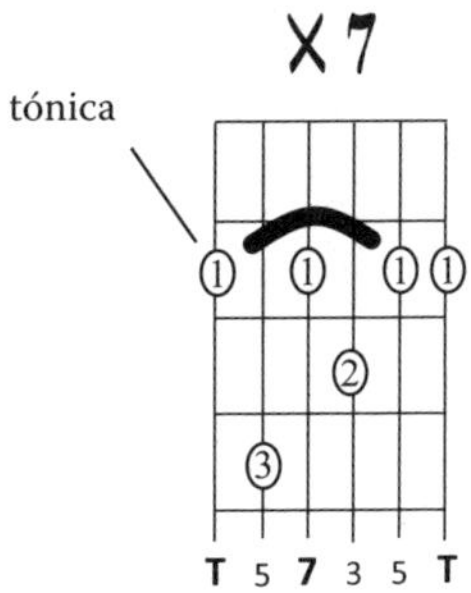

Ejemplos:

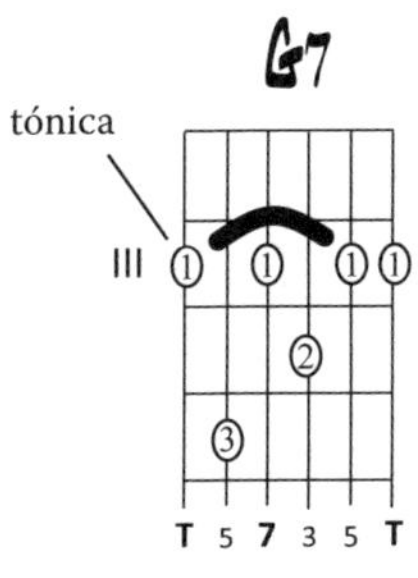

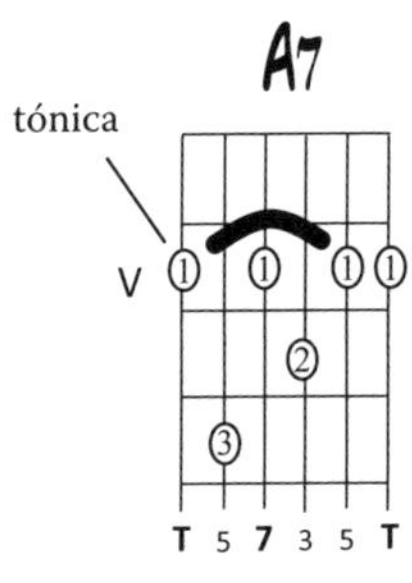

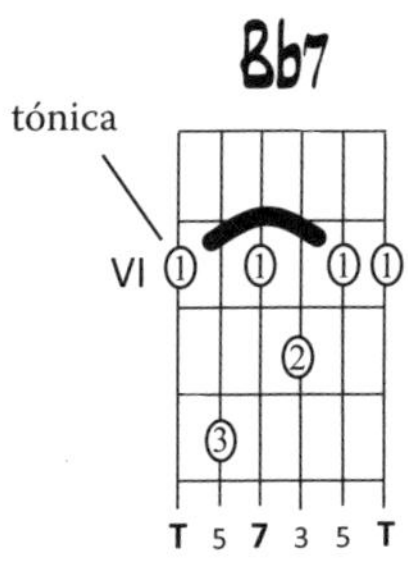

Observa que es la misma posición, solamente cambia la ubicación.

Acorde dominate siete en posición transportable (continuación)

Recuerda que el nombre que reciba el acorde transportable dependerá del lugar en donde esté ubicada su tónica.

Dominante siete con la tónica en la 5.ª cuerda

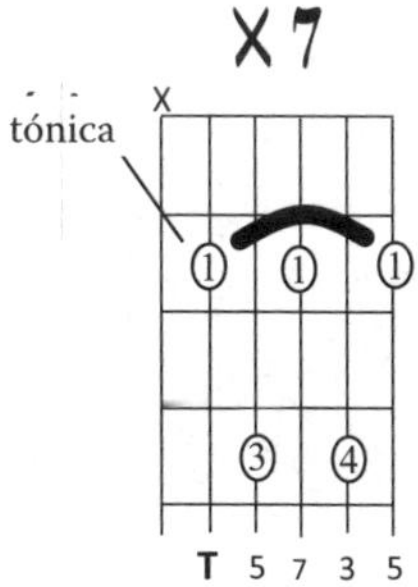

Ejemplos:

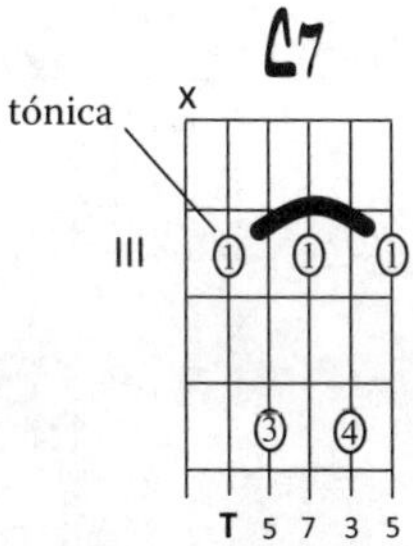

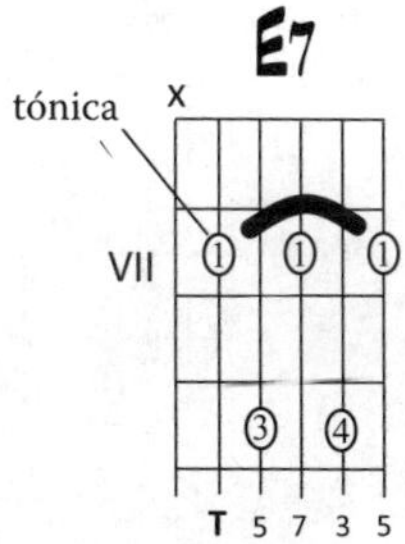

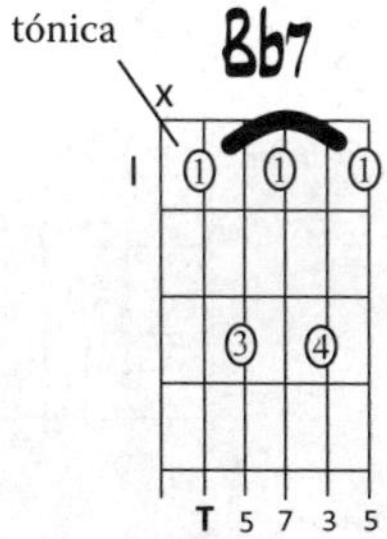

Observa que es la misma posición, solamente cambia la ubicación.

Acorde dominate siete en posición transportable (continuación)

Recuerda que el nombre que reciba el acorde transportable dependerá del lugar en donde esté ubicada su tónica.

Dominante siete con la tónica en la 5.ª cuerda

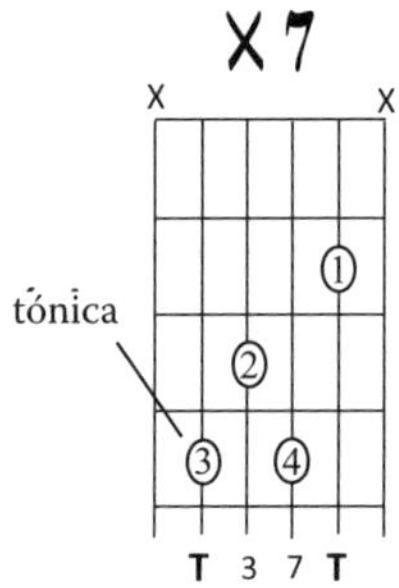

Ejemplos:

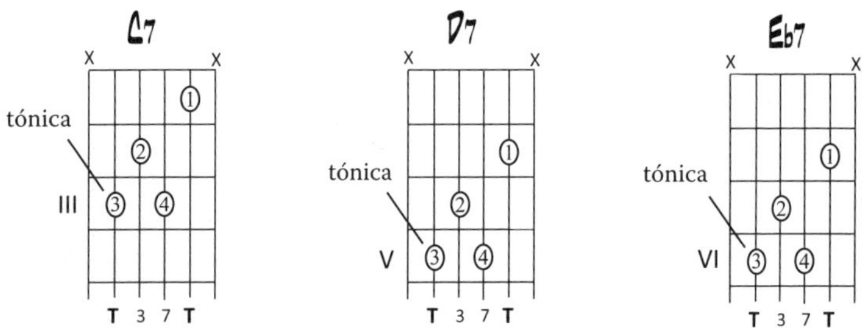

Observa que es la misma posición, solamente cambia la ubicación.

Ejercicios en diagramas rítmicos con combinaciones de todos los acordes y todas las figuras rítmicas estudiados hasta esta parte.

A estas alturas ya debes de estar familiarizado con:

— Acordes en posición abierta (mayores y menores)
— Acordes transportables (mayores y menores)
— Las figuras rítmicas y sus silencios
— Los diagramas rítmicos
— El plumilleo alternado
— Acorde dominante siete en posición abierta
— Acorde dominante siete en posición transportable
— Tríadas diatónicas

En los siguientes ejercicios usaremos combinaciones de todos estos puntos.

Se indicará con un diagrama de acorde cuando tengas que usar un acorde transportable, si no hay indicación usa un acorde en posición abierta.

Aun mejor, ya sabes que un mismo acorde lo podemos hacer en diferentes alturas del brazo de la guitarra, aventúrate a hacer diferentes posiciones para el mismo acorde.

Usaremos algunas progresiones diatónicas. Ya tuvimos una leve introducción a este tema, intenta ver la relación que tienen los acordes de las progresiones.

Ejercicio 1

Rock Blues en Bb (Si bemol)

En este ejercicio vamos a utilizar 3 acordes transportables dominante siete; Bb7 (I grado), Eb7 (IV grado) y F7 (V grado). Escucha el *color* que tiene el acorde dominante siete.

"Rock Blues en Bb"

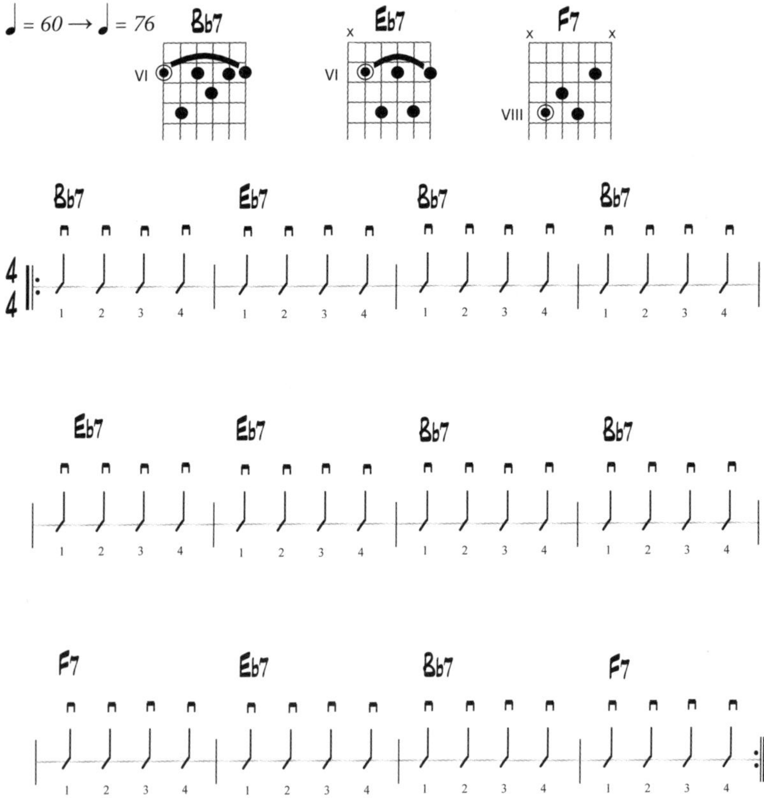

Ejercicio 2

En este ejercicio aparece una ligadura de unión entre los compases 1 y 2 y entre los compases 3 y 4, ligando a dos octavos. Esta es una progresión en la tonalidad de Do mayor.

♩ = *60* → ♩ = *108*

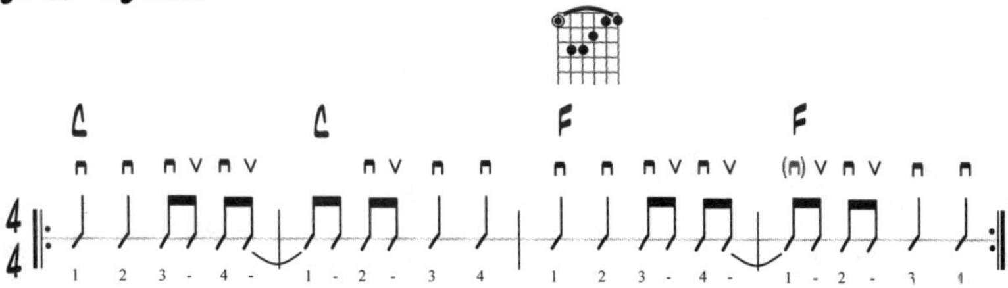

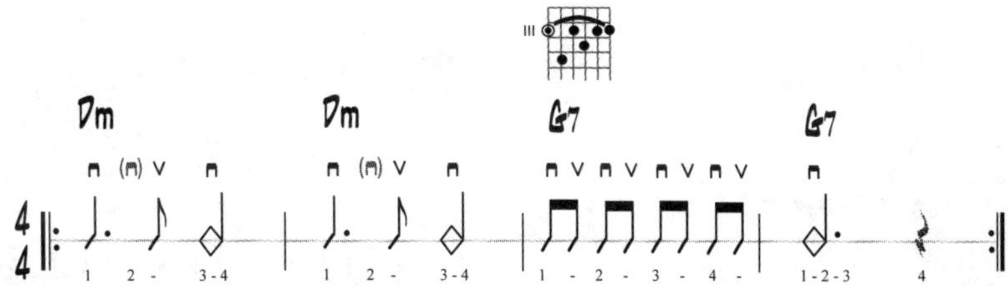

Ejercicio 3

En este ejercicio se muestra una progresión en Sol mayor. Presta atención y siempre ten en la mente la relación entre el plumilleo alternado y los octavos, recuerda que el plumilleo que está entre paréntesis "no" se toca solamente está puesto para recordar esta relación.

♩ = *60* → ♩ = *108*

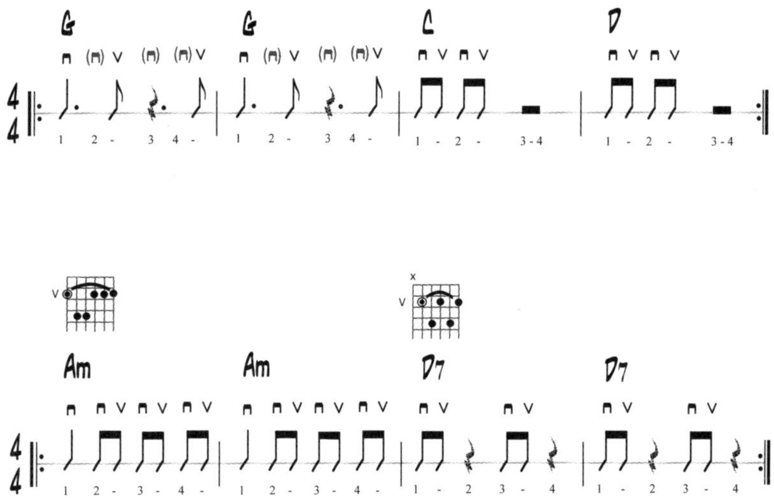

Ejercicio

Hemos estado estudiando suficientes figuras rítmicas, seguro que a estas alturas ya tienes tus preferidas.

A continuación verás esquemas rítmicos en blanco. Llénalos con las combinaciones de acordes en posición abierta y transportables que se te ocurran y usando las figuras rítmicas que gustes. Recuerda que por el momento solo estamos usando el compás de 4/4.

Al inicio de cada compás escribe encima el cifrado del acorde que tu decidas.

De igual manera, coloca barras de repetición en donde tú lo desees, así como las indicaciones que consideres.

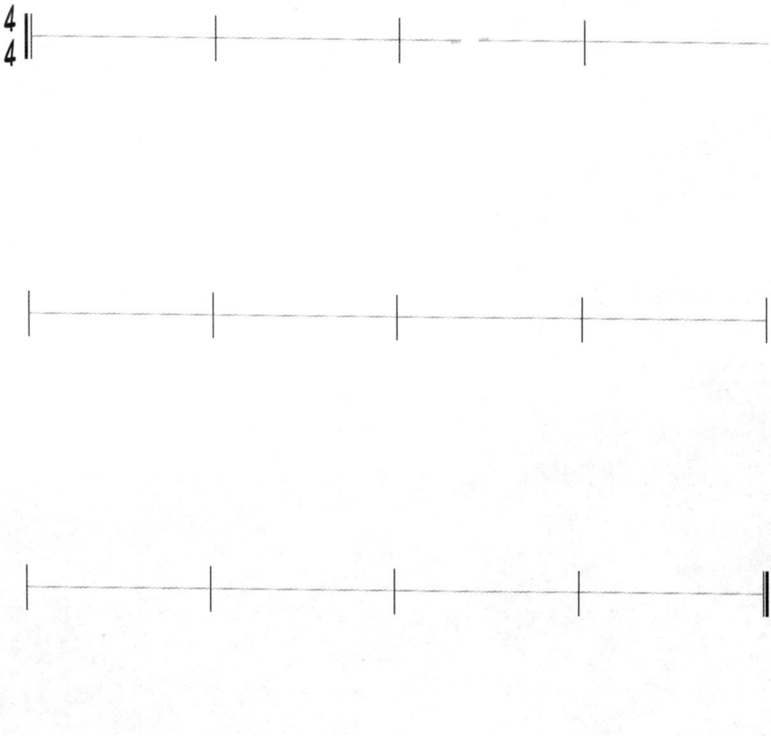

Ejercicio (continuación)

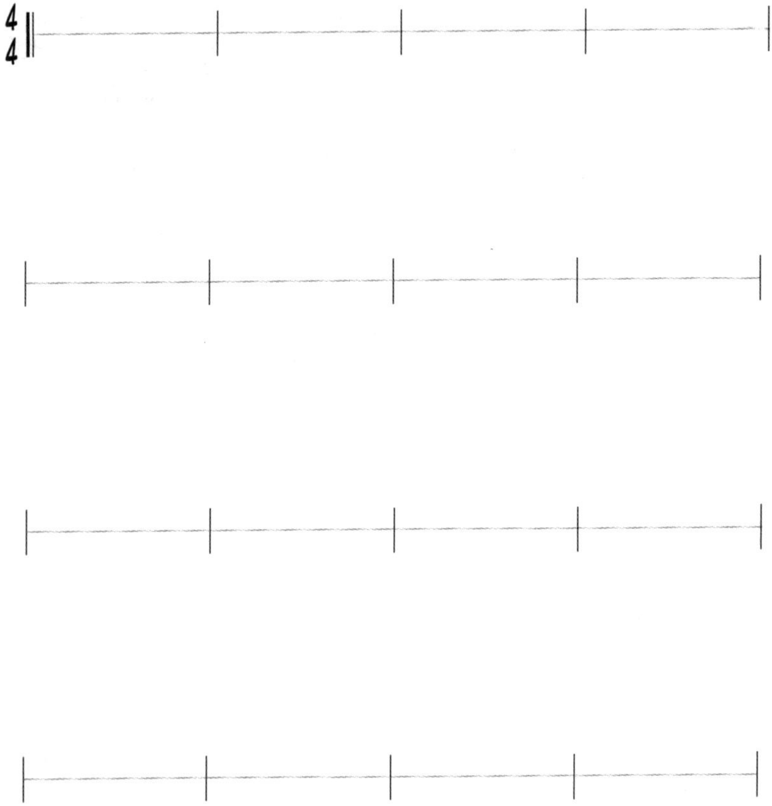

Ejercicio (continuación)

4
4

REPASO 4

Hagamos un repaso de los temas más recientes:

El ritmo en la guitarra 2

1. Puntillo de aumentación:

   — qué es

2. Ligadura de unión:

   — qué es

3. Ejemplos y ejercicios en esquemas rítmicos usando:

   — acordes en posición abierta
   — acordes transportables
   — todas las figuras rítmicas vistas hasta esta parte
   — Ejercicio 1
   — Ejercicio 2
   — Ejercicio 3
   — Ejercicio 4
   — Ejercicio 5
   — Ejercicio 6
   — Ejercicio 7
   — Ejemplo con variaciones rítmicas al *Rock blues* en A
   — Ejemplo con variaciones rítmicas al *Rock blues* en Am

Practica estos ejercicios siempre cuidando:

— el plumilleo (alternado cuando toques octavos)
— la posición de la mano izquierda
— la posición de la mano derecha
— que todas las notas del acorde suenen claramente
— siempre practicar con metrónomo
— que los acordes tengan la duración precisa según su figura y el tempo (velocidad del metrónomo)
— comienza en una velocidad de 60 e increméntala gradualmente hasta 108
— realiza tus propias combinaciones de acordes y figuras rítmicas en las hojas en blanco
— busca otras opciones de acordes transportables, combina las posiciones

La melodía en la guitarra I. 3.ª Parte

1. Ejercicios sobre la Forma 3 en Do mayor:

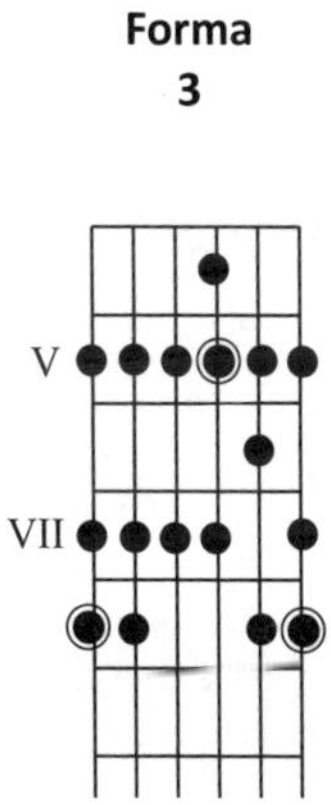

— ejercicio 1 con la forma 3 en Do mayor
— ejercicio 2 con la forma 3 en Do mayor
— ejercicio 3 con la forma 3 en Do mayor
— ejercicio 4 con la forma 3 en Do mayor

Practica estos ejercicios diariamente siempre cuidando:

- el plumilleo (alternado)
- cómo agarrar la plumilla
- la posición de la mano izquierda
- la posición de la mano derecha
- que tus notas suenen claramente
- siempre practicar con metrónomo a estas alturas ya puedes darles el valor real de octavos a los ejercicios, así que practícalos tal y como están escritos; recuerda empezar lento e ir incrementando gradualmente la velocidad.
- que las notas tengan la duración precisa según el tempo (velocidad del metrónomo)

La armonía en la guitarra 3

1. Progresiones diatónicas (introducción)

   — qué son

2. Tríadas diatónicas

   — qué son

3. Acorde dominante siete

   — qué es
   — cómo se forma
   — dónde se ubica en la escala mayor
   — acorde dominante siete en posición abierta
   — acorde dominante siete en posición transportable

4. Ejercicios en diagramas rítmicos con combinaciones de todos los acordes y todas las figuras rítmicas estudiados hasta esta parte.

   — Ejercicio 1: *Rock Blues* en Bb
   — Ejercicio 2: *Rock Blues* en Am
   — Ejercicio 1
   — Ejercicio 2
   — Ejercicio 3
   — Ejercicio 4
   — Ejercicio 5
   — Ejercicio 6
   — Ejercicio 7

Practica estos ejercicios siempre cuidando:

— el plumilleo (alternado cuando toques octavos)
— las posiciones de tus manos
— que todas las notas del acorde suenen claramente
— siempre practicar con metrónomo
— comienza con una velocidad de 60 e increméntala gradualmente hasta 108
— realiza tus propias combinaciones de acordes y figuras rítmicas en las hojas en blanco
— busca otras opciones de acordes transportables, combina las posiciones

CAPÍTULO 5
Ejercicios de digitación y coordinación 4

Ejercicios con secuencias de 4 notas

Continuemos con los ejercicios de digitación y coordinación. Ahora estudiaremos otras 6 secuencias; en esta ocasión todas comenzarán con el dedo 4 de tu mano izquierda.

La técnica es la misma, plumilleo alterno y la velocidad del metrónomo inicial será de 60. Recuerda que vamos a ir incrementando "gradualmente" la velocidad hasta 108.

d) Comenzando con el dedo 4 de la mano izquierda:

♩ = *60* → ♩ = *108*

1.- **4 - 1 - 2 - 3**

⊓ V ⊓ V *(mismo plumilleo..........)*

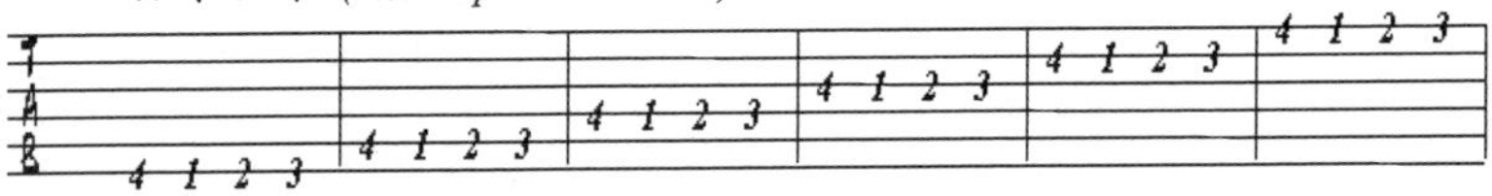

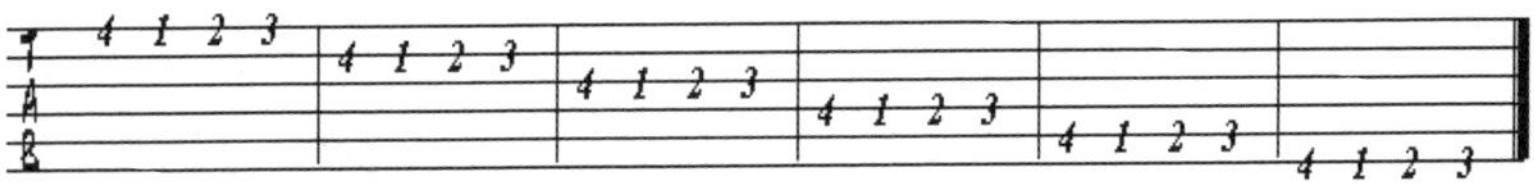

2.- **4 - 1 - 3 - 2**

⊓ V ⊓ V *(mismo plumilleo..........)*

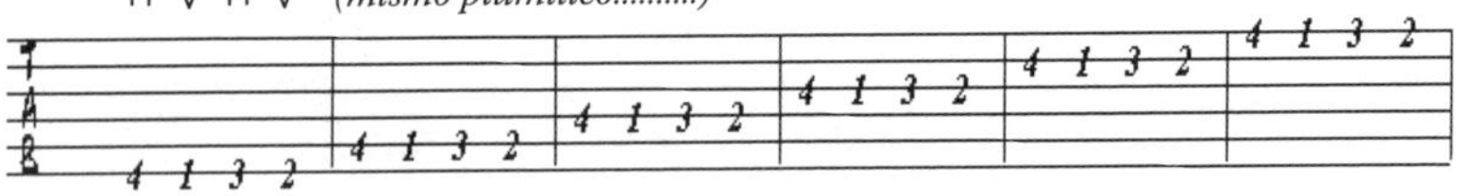

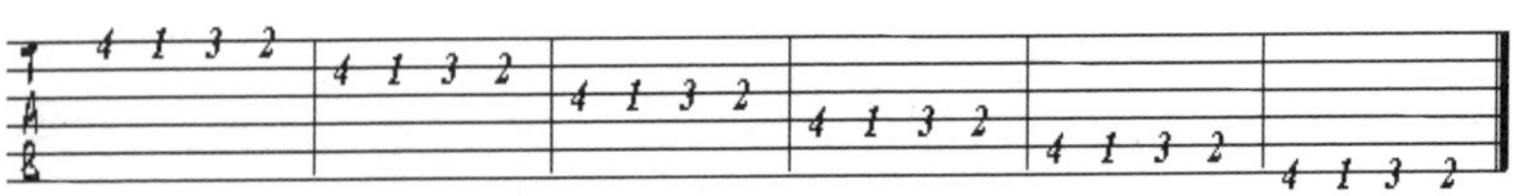

Recuerda dar los plumilleos correctos y que las notas suenen claramente. Intenta tocar los ejercicios con un valor de octavos, es decir dos notas por cada golpe del metrónomo.

♩ = *60* → ♩ = *108*

3.- **4 - 2 - 1 - 3**

⊓ V ⊓ V *(mismo plumilleo..........)*

4.- **4 - 2 - 3 - 1**

⊓ V ⊓ V *(mismo plumilleo..........)*

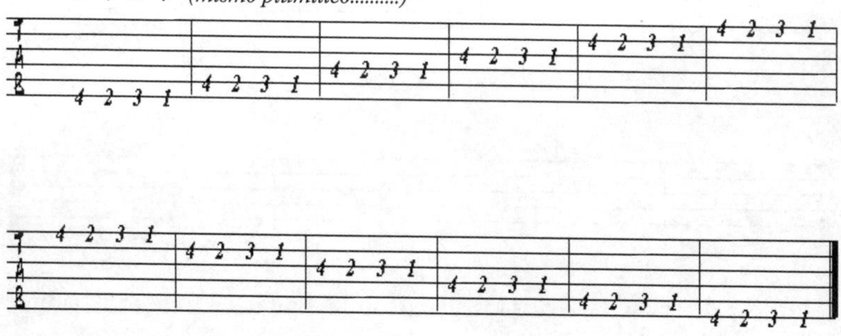

Si alguno de estos ejercicios te cuesta más trabajo que otro, repásalo más veces.

♩ = *60* → ♩ = *108*

5.- 4 - 3 - 1 - 2

⊓ V ⊓ V *(mismo plumilleo..........)*

6.- 4 - 3 - 2 - 1

⊓ V ⊓ V *(mismo plumilleo..........)*

Estudia diariamente todos los ejercicios de digitación y coordinación.

El ritmo en la guitarra 3

Ahora estudiemos un par de figuras rítmicas más los tresillos y los dieciseisavos y los tresillos de cuarto.

Dieciseisavos

Bien, recordemos lo que aprendimos en el capítulo *El ritmo en la guitarra 1.*

Ahí mencionamos que una figura de nota dura la MITAD del valor de la figura inmediata superior, y el DOBLE de la inmediata inferior.

Bien, pues entendiendo esto, el dieciseisavo (y su figura de silencio) va a durar la mitad del valor de un octavo.

Es sencillo, veámoslo de esta manera:

En un compás de 4/4:

— en un cuarto hay 2 octavos
— en un cuarto hay 4 dieciseisavos

A esto se le llama división binaria.

Ejemplo:

Cuartos

Octavos

Dieciseisavos

Tresillos

El primer tresillo que estudiaremos es el tresillo de cuarto.

Bien, tresillo es la división ternaria de una figura de nota.

Entendiendo esto, el tresillo de cuarto será de la siguiente manera:

En un compás de 4/4:

— en un cuarto hay 3 tresillos de cuarto

A esto se le llama división ternaria.

Ejemplo:

Cuartos

Tresillos

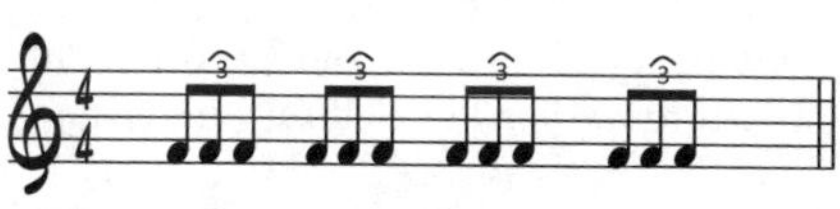

Ejercicios en diagramas rítmicos con combinaciones de todos los acordes y todas las figuras rítmicas estudiados hasta esta parte.

A estas alturas ya debes de estar familiarizado con:

— Acordes en posición abierta (mayores y menores)
— Acordes transportables (mayores y menores)
— Las figuras rítmicas y sus silencios
— Los diagramas rítmicos
— El plumilleo alternado
— Acorde dominante siete en posición abierta
— Acorde dominante siete en posición transportable
— Tríadas diatónicas
— Los dieciseisavos
— Los tresillos

En los siguientes ejercicios usaremos combinaciones de todos estos puntos.

Se indicará con un diagrama de acorde cuando tengas que usar un acorde transportable, si no hay indicación usa un acorde en posición abierta.

Aun mejor, ya sabes que un mismo acorde lo podemos hacer en diferentes alturas del brazo de la guitarra, aventúrate a hacer diferentes posiciones para el mismo acorde.

Usaremos algunas progresiones diatónicas. Ya tuvimos una leve introducción a este tema, intenta ver la relación que tienen los acordes de las progresiones.

Y al final de este capítulo usa los diagramas en blanco para hacer tus propias combinaciones de acordes y de figuras rítmicas en 4/4.

Si algún tema no está claro, te sugiero que lo repases.

Ejercicio 1

Rock Blues en Bb (Si bemol)

En este ejercicio vamos a utilizar básicamente tresillos y los 3 acordes transportables dominante siete; Bb7 (I grado), Eb7 (IV grado) y F7 (V grado) que ya conoces.

Un detalle muy importante, pon mucha atención al plumilleo. El signo del tercer compás significa que se toca la misma rítmica que en el compás anterior.

"Rock Blues en Bb"

Ejercicio 2

En este ejercicio vamos a utilizar una progresión en La menor. Si no aparece un acorde en el compás (como en el segundo compás) se toca el acorde previo, en este caso el acorde de La menor se toca en los compases 1 y 2. Utilizaremos acordes en posición transportable y un E7 en posición abierta.

Un detalle muy importante, pon mucha atención al plumilleo en los dieciseisavos, es alternado.

♩ = 60 → ♩ = 76

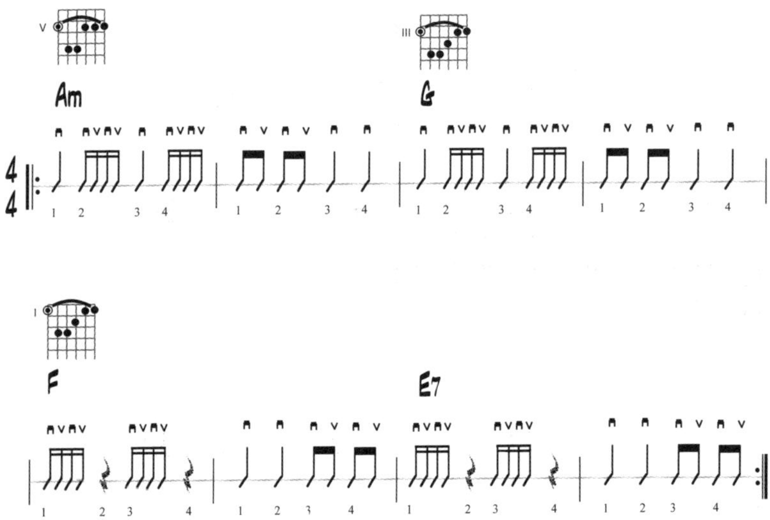

Ejercicio 3

En este ejercicio vamos a utilizar una progresión en Re mayor.

Utilizaremos acordes en posición abierta y transportables. Pero te sugiero que tú decidas qué posiciones usar. Pon mucha atención al plumilleo.

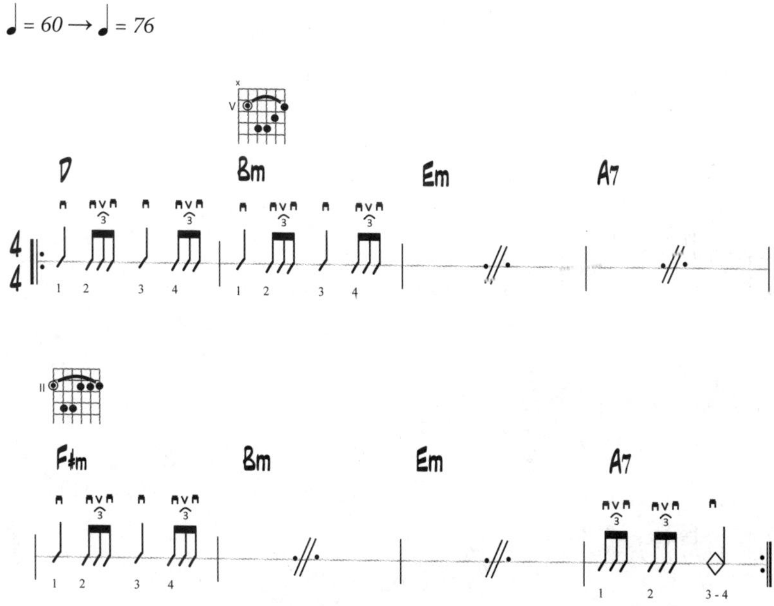

Ejercicio 4

En este ejercicio vamos a utilizar una progresión en Re mayor.

Aquí no se marcan posiciones de acordes, usa los acordes en posición abierta y transportables que quieras.

♩ = 60 → ♩ = 76

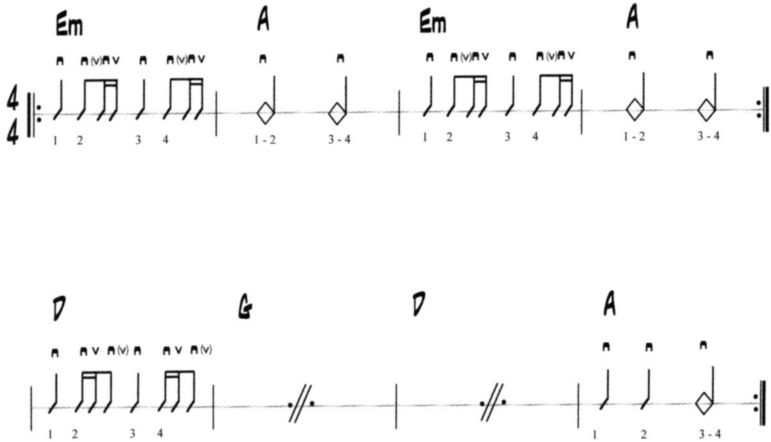

Ejercicio 5

A continuación verás esquemas rítmicos en blanco. Llénalos con las combinaciones de acordes en posición abierta y transportables que se te ocurran y usando las figuras rítmicas que gustes. Recuerda que por el momento solo estamos usando el compás de 4/4.

Al inicio de cada compás escribe encima el cifrado del acorde que tu decidas.

De igual manera coloca barras de repetición en donde tú lo desees, así como las indicaciones que consideres.

Ejercicio 5 (continuación)

4
4

La melodía en la guitarra 1

4.ª PARTE

Escala de Do mayor. Forma 4

En esta 4a parte veremos la Forma 4 en Do mayor. En la primera parte viste la forma en que se escriben los ejercicios; si tienes duda revisa la sección de los diagramas.

Los siguientes ejercicios están hechos para tocarlos en la Forma 4 de la escala mayor de Do:

Forma 4

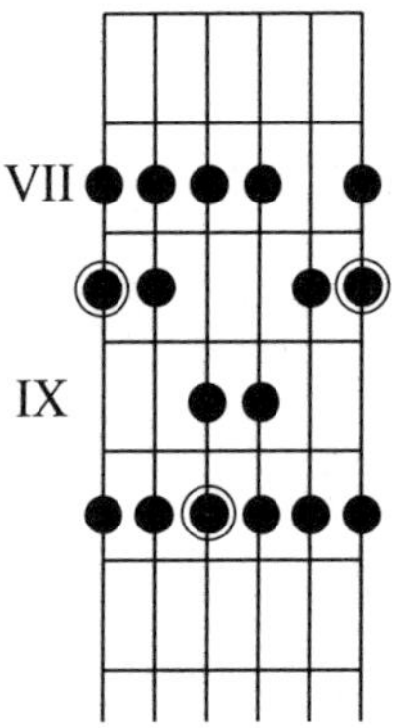

Esta forma abarca 4 trastes, del **VII** al **X**.
En esta forma usaremos todos los dedos de la mano izquierda.
Las notas que están en el traste **VII** con el dedo 1
Las notas que están en el traste **VIII** con el dedo 2
Las notas que están en el traste **IX** con el dedo 3
Las notas que están en el traste **X** con el dedo 4

El rango que abarca esta forma es:

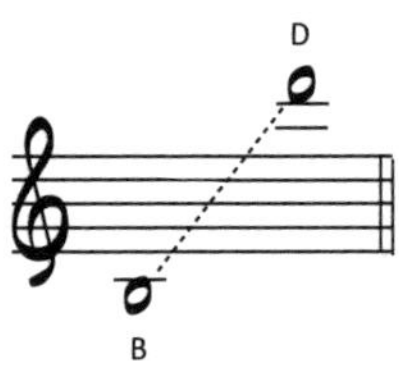

Recuerda que los puntos en negro, son los lugares en donde se encuentran las notas de la escala de Do mayor, y que el punto negro encerrado en un círculo es la "tónica".

En este caso, hay tres "Do" en esta forma, uno está en el traste VIII de la 6.ª cuerda, otro está en el traste X de la 4.ª cuerda y el otro está en el traste VIII de la 1.ª cuerda.

Comienza a memorizar cada una de las formas.

Ejercicios sobre la escala de Do mayor. Forma 4

Veamos ahora la Forma 4 sobre la escala de Do mayor. Para comenzar a memorizar esta forma, tócala de la forma en como está escrita, una y otra vez con plumilleo alternado. El ejemplo está escrito en cuartos, intenta tocarlo como si fueran octavos, es decir dos notas por cada golpe de tu metrónomo.

Este ejercicio parte del C del traste VIII de la 6.ª cuerda, asciende hasta el C del traste VIII de la 1.ª cuerda desciende al A del traste V de la 6.ª cuerda y termina en el C inicial.

Comienza a un tempo de 60 y ve incrementando gradualmente el tempo.

Los números encerrados en un círculo indican los dedos de la mano izquierda, no lo olvides.

♩ = 60 → ♩ = 76

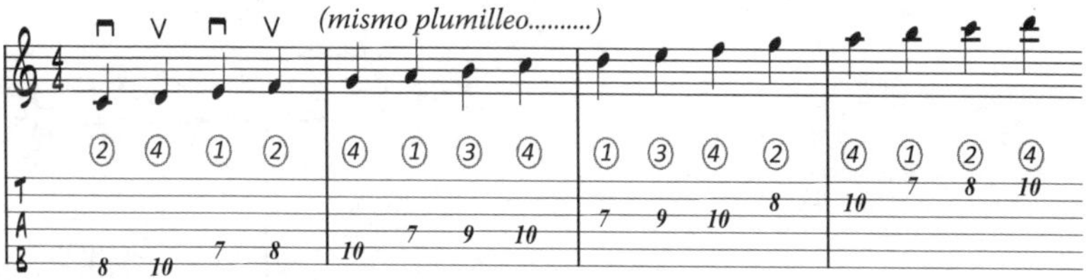

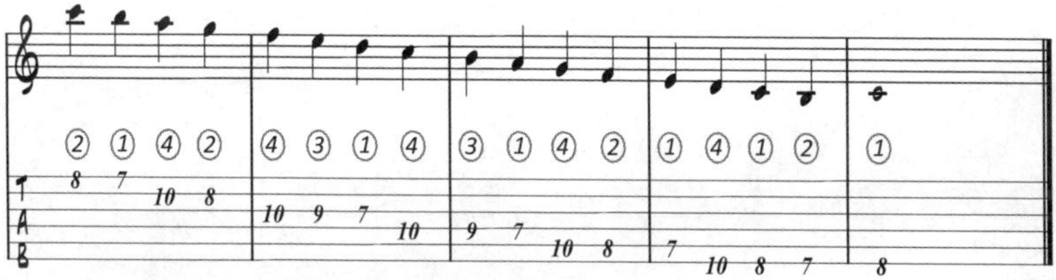

Asegúrate de que todas las notas suenen claras y con buen volumen, que se escuchen con buena presencia y seguras.

Forma 4: Ejercicio 1 en C

En la mano derecha estaremos usando el plumilleo alternado, arriba, abajo, arriba, abajo, etcétera.

Los ejercicios están escritos en octavos, o sea dos notas por cada golpe de tu metrónomo. Ajusta tu metrónomo. Comienza a una velocidad de 60, pero si te cuesta trabajo baja la velocidad, no hay ningún problema. Usa las digitaciones que se señalaron en la página anterior.

Forma 4: Ejercicio 2 en C

Recuerda darles su valor a las figuras rítmicas de ahora en adelante. Pon cuidado a la digitación, si tienes duda revisa las primeras páginas de esta sección.

♩ = *60* → ♩ = *108*

Forma 4: Ejercicio 3 en C

Ajusta tu metrónomo, si te cuesta trabajo tocarlas inicialmenta a 60 baja la velocidad, lo importante es que tus notas suenen bien y claras y no la velocidad con la que las toques. Ve incrementando el tempo gradualmente.

Forma 4: Ejercicio 4 en C

Recuerda ir *apagando* las notas que vayas dejando de tocar. Usa las digitaciones para la mano izquierda que están escritas al inicio de esta sección.

♩= *60* → ♩= *108*

La melodía en la guitarra 1

5.ª PARTE

Escala de Do mayor. Forma 5

En esta 5.ª parte veremos la Forma 5 en Do mayor. En la primera parte viste la forma en que se escriben los ejercicios; si tienes duda revisa la sección de los diagramas.

Los siguientes ejercicios están hechos para tocarlos en la Forma 5 de la escala mayor de Do:

Forma 5

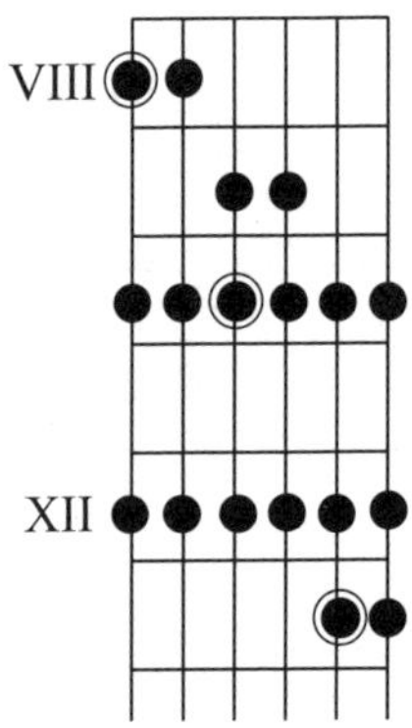

Esta forma abarca 6 trastes, del **VIII** al **XII**.
En esta forma usaremos todos los dedos de la mano izquierda.

En las cuerdas 6 y 5:
Las notas que están en el traste **VIII** con el dedo 1
Las notas que están en el traste **X** con el dedo 2
Las notas que están en el traste **XII** con el dedo 4

En las cuerdas 4 y 3:
Las notas que están en el traste **IX** con el dedo 1
Las notas que están en el traste **X** con el dedo 2
Las notas que están en el traste **XII** con el dedo 4

En las cuerdas 2 y 1:
Las notas que están en el traste **X** con el dedo 1
Las notas que están en el traste **XII** con el dedo 3
Las notas que están en el traste **XIII** con el dedo 4

El rango que abarca esta forma es:

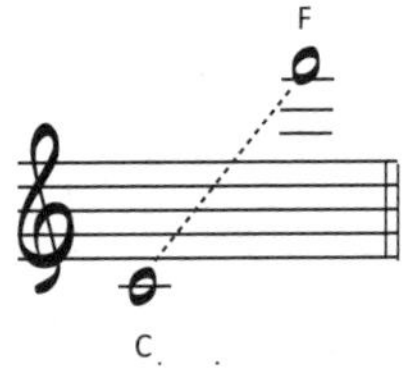

Recuerda que los puntos en negro, son los lugares en donde se encuentran las notas de la escala de Do mayor, y que el punto negro encerrado en un círculo es la "tónica".

En este caso, hay tres "Do" en esta forma, uno está en el traste VIII de la 6.ª cuerda, otro está en el traste X de la 4.ª cuerda y el otro está en el traste XIII de la 2.ª cuerda.

Comienza a memorizar cada una de las formas.

Ejercicios sobre la escala de Do mayor. Forma 5

Veamos ahora la Forma 5 sobre la escala de Do mayor. Para comenzar a memorizar esta forma, tócala de la forma en como está escrita, una y otra vez con plumilleo alternado.

Este ejercicio parte del C del traste VIII de la 6.ª cuerda, asciende hasta el F del traste XIII de la 1.ª cuerda y desciende al C inicial.

Comienza a un tempo de 60 y ve incrementándolo gradualmente.

Los números encerrados en un círculo indican los dedos de la mano izquierda, no lo olvides.

♩ = 60 → ♩ = 76

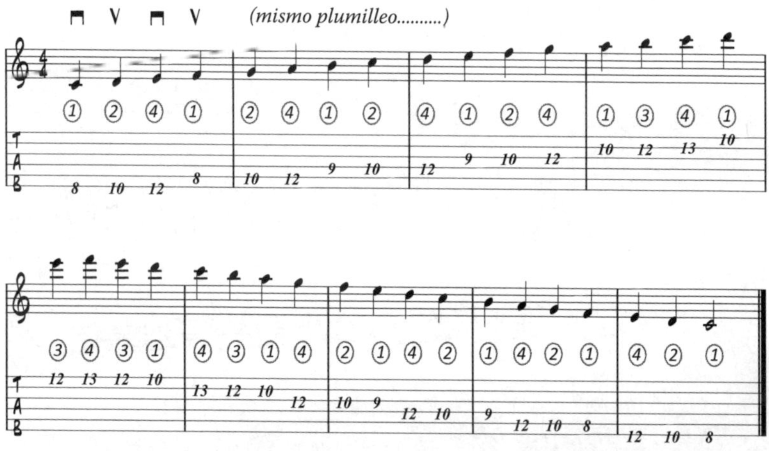

Asegúrate de que todas las notas suenen claras y con buen volumen, que se escuchen con buena presencia y seguras.

Forma 5: Ejercicio 1 en C

En la mano derecha estaremos usando el plumilleo alternado, arriba, abajo, arriba, abajo, etcétera.

Los ejercicios están escritos en octavos, o sea dos notas por cada golpe de tu metrónomo.

Ajusta tu metrónomo. Comienza a una velocidad de 60, pero si te cuesta trabajo baja la velocidad, no hay ningún problema. Presta atención a las digitaciones escritas.

♩ = 60 → ♩ = 108

Forma 5: Ejercicio 2 en C

Recuerda darles su valor a las figuras rítmicas. Pon atención a la digitación de tu mano izquierda.

Forma 5: Ejercicio 3 en C

Están escritas las digitaciones, pon atención y úsalas.

Ajusta tu metrónomo, si te cuesta trabajo tocarlas inicialmente a 60 baja la velocidad, lo importante es que tus notas suenen y no la velocidad con la que las toques.

Forma 5: Ejercicio 4 en C

Recuerda ir *apagando* las notas que vayas dejando de tocar. Usa las digitaciones para la mano izquierda que están señaladas. Y sé preciso con cada una de las notas.

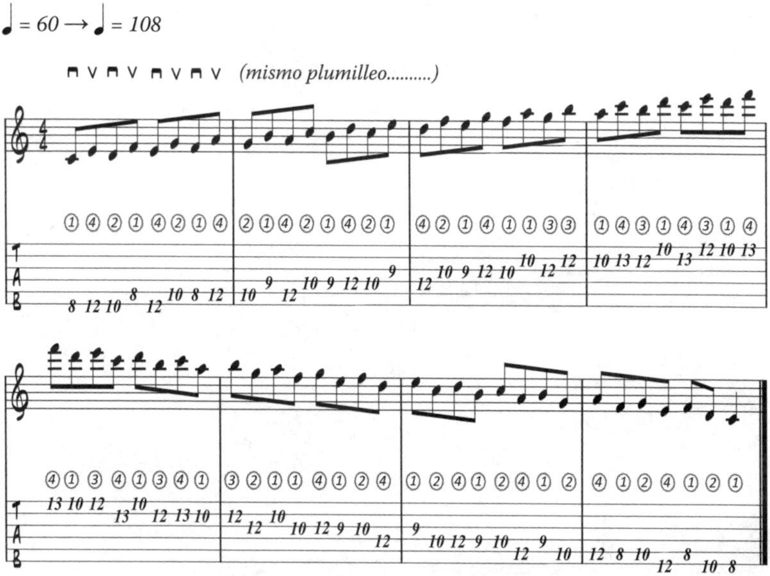

Todos los ejercicios sobre las formas de la escala mayor de C que hemos estado estudiando pueden ser secuencias "fáciles" de memorizar, el objetivo principal es que vayas desarrollando fuerza y una mejor digitación y coordinacion en ambas manos.

Sí es bueno memorizar las secuencias, pero pon mucha atención a las técnicas para tocar estos ejercicios.

REPASO 5

Ejercicios de digitación y coordinación 4

Secuencia con 4 notas comenzando con el dedo 4 de la mano izquierda:

⊓ V ⊓ V	⊓ V ⊓ V	⊓ V ⊓ V	⊓ V ⊓ V
1 - 2 - 3 - 4	2 - 1 - 3 - 4	3 - 1 - 2 - 4	4 - 1 - 2 - 3
1 - 2 - 4 - 3	2 - 1 - 4 - 3	3 - 1 - 4 - 2	4 - 1 - 3 - 2
1 - 3 - 2 - 4	2 - 3 - 1 - 4	3 - 2 - 1 - 4	4 - 2 - 1 - 3
1 - 3 - 4 - 2	2 - 3 - 4 - 1	3 - 2 - 4 - 1	4 - 2 - 3 - 1
1 - 4 - 2 - 3	2 - 4 - 1 - 3	3 - 4 - 1 - 2	4 - 3 - 1 - 2
1 - 4 - 3 - 2	2 - 4 - 3 - 1	3 - 4 - 2 - 1	4 - 3 - 2 - 1

Practica estos ejercicios diariamente siempre cuidando:

— el plumilleo (alternado)
— cómo agarrar la plumilla
— la posición de la mano izquierda
— la posición de la mano derecha
— que tus notas suenen claramente
— siempre practicar con metrónomo una nota en cada golpe del metrónomo
— intenta practicarlos a manera de octavos, es decir dos notas por cada golpe del metrónomo
— que las notas tengan la duración precisa según su figura y tempo (velocidad del metrónomo)
— comienza en una velocidad de 60 e increméntala gradualmente hasta 108
— practica todos los grupos de series de corrido, los que comienzan con el dedo 1, los que comienzan con el dedo 2, los que comienzan con el 3 y ahora los que comienzan con el dedo 4.

Hagamos un repaso de los temas más recientes:

El ritmo en la guitarra 3

1. Dieciseisavos

    — qué son

2. Tresillos:

    — qué son

3. Ejemplos y ejercicios en esquemas rítmicos usando:

    — acordes en posición abierta
    — acordes transportables
    — todas las figuras rítmicas vistas hasta esta parte
    — Ejercicio 1
    — Ejercicio 2
    — Ejercicio 3
    — Ejercicio 4

Practica estos ejercicios siempre cuidando:

— el plumilleo (alternado cuando toques octavos)
— la posición de la mano izquierda
— la posición de la mano derecha
— que todas las notas del acorde suenen claramente
— siempre practicar con metrónomo
— que los acordes tengan la duración precisa según su figura y el tempo (velocidad del metrónomo)
— comienza en una velocidad de 60 e increméntala gradualmente hasta 108
— realiza tus propias combinaciones de acordes y figuras rítmicas en las hojas en blanco
— busca otras opciones de acordes transportables, combina las posiciones

La melodía en la guitarra I. - 4.ª Parte

1. Ejercicios sobre la Forma 4 en Do mayor:

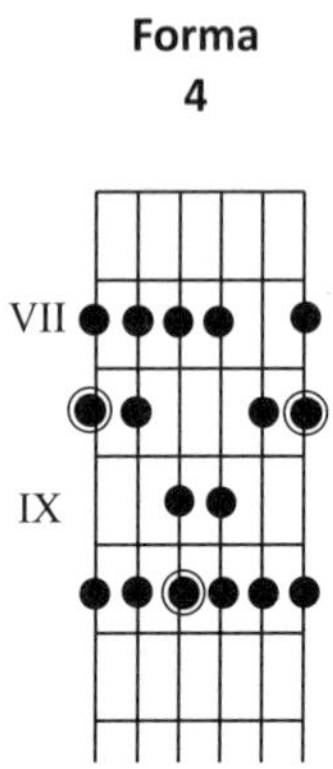

— ejercicio 1 con la forma 4 en Do mayor
— ejercicio 2 con la forma 4 en Do mayor
— ejercicio 3 con la forma 4 en Do mayor
— ejercicio 4 con la forma 4 en Do mayor

Practica estos ejercicios diariamente siempre cuidando:

— el plumilleo (alternado)
— cómo agarrar la plumilla
— la posición de la mano izquierda
— la posición de la mano derecha
— que tus notas suenen claramente
— siempre practicar con metrónomo; a estas alturas ya puedes darles el valor real de octavos a los ejercicios, así que practícalos tal y como están escritos, recuerda empezar lento e ir incrementando gradualmente la velocidad.
— que las notas tengan la duración precisa según el tempo (velocidad del metrónomo)

La melodía en la guitarra I. - 5.ª Parte

1. Ejercicios sobre la Forma 5 en Do mayor:

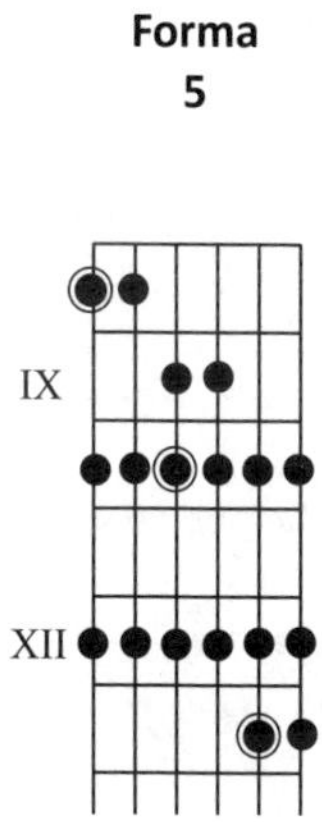

— ejercicio 1 con la forma 5 en Do mayor
— ejercicio 2 con la forma 5 en Do mayor
— ejercicio 3 con la forma 5 en Do mayor
— ejercicio 4 con la forma 5 en Do mayor

Practica estos ejercicios diariamente siempre cuidando:

— el plumilleo (alternado)
— cómo agarrar la plumilla
— la posición de la mano izquierda
— la posición de la mano derecha
— que tus notas suenen claramente
— siempre practicar con metrónomo; a estas alturas ya puedes darles el valor real de octavos a los ejercicios, así que practícalos tal y como están escritos, recuerda empezar lento e ir incrementando gradualmente la velocidad.
— que las notas tengan la duración precisa según el tempo (velocidad del metrónomo)